巴菲特全书

文娟　编著

图书在版编目（CIP）数据

巴菲特全书 / 文娟编著. -- 长春：吉林文史出版社, 2017.5（2021.12 重印）

ISBN 978-7-5472-4224-7

Ⅰ. ①巴… Ⅱ. ①文… Ⅲ. ①巴菲特(Buffett,Warren 1930-)—投资—经验 Ⅳ. ①F837.124.8

中国版本图书馆CIP数据核字(2017)第120011号

巴菲特全书

BAFEITE QUANSHU

出 版 人　张　强
编 著 者　文　娟
责任编辑　于　涉　董　芳
责任校对　薛　雨
封面设计　韩立强
出版发行　吉林文史出版社有限责任公司
地　　址　长春市净月区福祉大路5788号出版大厦
印　　刷　天津海德伟业印务有限公司
版　　次　2017年5月第1版
印　　次　2021年12月第4 次印刷
开　　本　640mm×920mm　16开
字　　数　204千
印　　张　16
书　　号　ISBN 978-7-5472-4224-7
定　　价　45.00元

前言

巴菲特在投资发展史上可谓独占鳌头，被誉为“当代最伟大的投资者”“华尔街股神”，他创造了只有100美元到至今获利535亿美元财富的投资神话。2000年初，美国《财富》杂志评出20世纪的八大投资大师，而巴菲特名列榜首，成为名副其实的最伟大的投资者。

巴菲特从1965年接手伯克希尔公司至2007年的42年间，经历过股市崩盘、高通货膨胀、银行利率降低等危险情况，但伯克希尔公司从未出现过亏损年度，这是绝无仅有的奇迹。而且，伯克希尔公司每股的净值由当初的19美元增长到2007年的504.98美元，年复合增长率约为22%。2008年，“次贷危机”爆发前夕，伯克希尔公司留存了近400亿美元的现金，并持有近300亿美元的国债，所以在危机到来时，巴菲特才能出手阔绰，当一个个投资人都在惶惶不安中度日如年，他却“在别人恐惧的时候贪婪”，手持大量现金勇敢地在华尔街抄底，通过一系列卓有成效的重大举措在危机中守住了财富，避免了像百年投资银行雷曼、美林的神话相继破灭的命运。到2013年，巴菲特仍以净资产535亿美元位列福布斯排行榜第四位。

中国有句古话说：“取法其上，得乎其中；取法其中，得乎其下。”我们要想在投资上取得卓越的业绩，最好的办法就是学习最伟大的投资大师的策略。毫无疑问，巴菲特就是一位最值得我们效法的大师。

或许有人认为，巴菲特能在股票投资上取得如此巨大的成就，背后一定有一套非常人所能掌握的高深莫测的理论，而巴菲特本人一定是一位智商超高的天才人物。事实并非如此。古人云，大道至简。巴菲特告诉我们，真正伟大的投资成功之道，只需要很少的几个原则就可以，非常简单，却非常有效，不需要高智商，不需要高等数学，更不需要高学历，任何一个小学毕业的普通投资者都能掌握，都能应用。巴菲特曾说过："我从来没发现高等数学在投资中有什么作用，只要懂小学算术就足够了。如果高等数学是必需的，我就得回去送报纸了。""要想成功地进行投资，你不需要懂得什么专业投资理论。事实上大家最好对这些东西一无所知。""投资并非智力竞赛，智商高的人未必能击败智商低的人。"他发现学校里讲的许多专业理论往往在实践中是行不通的，掌握的知识越多反而越有害。复杂的问题有时候却可以用最简单的方式来寻求解答，这正是巴菲特投资哲学的独特魅力。身处风云变幻的股市中，最需要保持的是那一份儿绝对的理性，最值得依赖的判断工具仍是那一点儿很平凡、质朴的经营常识。

他从一个小小的报童起步，没有任何家族遗产，建立企业之初只是把自己家中小小的阳台当作办公之地，从一穷二白的起点开始了他的投资生涯。在创业之初，他只能去游说亲友进入他的合伙公司。就这样，他一步一步走上了华尔街金融领袖的位置。在他半个世纪的投资生涯中，经历了全球性的经济萧条、东西方的冷战、美国数次对外战争、多次国内动乱、石油危机、网络泡沫、"9·11"恐怖袭击以及全球金融风暴。然而，他却在每一次动荡中乘风破浪，逆势而上，转危为安，最终荣登世界富豪的宝座。这是一个伟大的奇迹。因此，我们若想全面地了解巴菲特，就不仅要学习他的投资理念，把握他的投资方法，还应了解他的成长史、他的生活、他的个性，这样方能走入巴菲特的内心世界。也只有这样，我们才能领会他的精神实质，并将之运用于股市中。

本书全面总结了巴菲特纵横股市的宝贵经验，详细解读了巴菲特如何攫取财富的智慧，多角度论述了他取得财富的方法与胆略，并以建议与忠告的形式呈现给希望成就财富人生的现代人。这些内容精辟、实用，力求为那些站在十字路口，不知道该何去何从的现代人指明方向。可以说，巴菲特的每一句话都是人生箴言，字字都是对自己财富、人生经验的总结和提炼。本书没有就投资论投资，而是将为人处世和投资有机地融合在一起讲述，这样更易于让希望通过投资股市实现自己财富梦想的现代人理解和接受。

当然，不是每个人都能像巴菲特那样积累535亿美元的巨额财富，也不是每个人都能像巴菲特那样进行交易。学习巴菲特的意义在于，巴菲特为人们提供了一种方法、一种思维方式和一种态度，最重要的是一种境界，这种境界就是在年轻的时候想明白了很多事情，然后用一生的岁月去坚守。你越是在年轻的时候想明白这些事情，可能以后积累的财富就越多。那些成功的投资家会随着时间流逝最终淡出我们的视野，但他们的投资原则是永恒的，我们所要做的就是学习这些原则并付诸实践，且忍受长时间的孤独与寂寞，经过种种巨大的变化，最终达到超凡脱俗的人生境界！

目录

第二章　巴菲特的集中投资策略

第一节　最高规则聚集于市场之中

第二节　被华尔街忽视但最有效的集中投资

第三节　聚焦新经济下的新方法

第三章　巴菲特教你选择企业

第一节　选择企业的基本准则

第一章　巴菲特的价值投资理论

第一节　价值投资，黄金量尺

价值投资本质：寻找价值与价格的差异

一般来说，采用价值投资法的投资者会用买下整个企业的审慎态度来下单买股票。他在买股票的时候，好比要买下街角的杂货店一样，会询问很多问题：这家店的财务状况怎样？是否存在很多负债？交易价格是否包括了土地和建筑物？未来能否有稳定、强劲的资金收入？能够有怎样的投资回报率？这家店的业务和业绩增长的潜力怎样？如果对以上的问题都有满意的答案，并能以低于未来价值的价格把这家店买入，那么就得到了一个价值投资的标的。

1984年，巴菲特在哥伦比亚大学纪念格雷厄姆与多德合著的《证券分析》出版50周年的庆祝活动中发表演讲时指出，人们在投资领域会发现绝大多数的“掷硬币赢家”都来自于一个极小的智力部落，他称之为“格雷厄姆与多德部落”，这个特殊的智力部落存在着许多持续战胜市场的投资大赢家，这种非常集中的现象绝非“巧合”二字可以解释。“来自‘格雷厄姆与多德部落’的投资者共同拥有的智力核心是：寻找企业整体的价值与代表该企业一小部分权益的股票市场价格之间的差异，实质上，他们是在利用两者之间的差异。”

价格和价值之间的关系适用于股票、债券、房地产、艺术品、货币、贵金属，甚至整个美国的经济——事实上所有资产的价值波动都取决于买卖双方对该资产的估价。一旦你理解了这一对应关系，你就具有了超越大多数个人投资者的优势，因为投资者们常常忽略价格与价值之间的差异。

从 20 世纪 20 年代中期到 1999 年，道氏工业指数以年 50% 的复利率（按保留红利计息）增长。而同一时期，30 种道氏工业指数公司的收入增长率为 47%。但是，从账面上看，这些公司的价值年增长率为 46%。两个增长率如此一致并非偶然。

从长期来看，公司股票的市场价值不可能远超其内在价值的增长率。当然，技术进步能够改善公司的效率并能导致短时期内价值的飞越。但是竞争与商业循环的特性决定了公司销售、收入与股票价值之间存在着直接的联系。在繁荣时期，由于公司更好地利用了经济规模效益和固定资产设施，其收益增长可能超越公司的销售增长；而在衰退时期，由于固定成本过高，其公司收益也比销售量下降得更快（此即意味着公司的效率不高）。

但是，在实际操作中，股价似乎远远超过了公司的实际价值或者说预期增长率。实际上，这种现象不可能持续下去，股价与公司价值之间出现的断裂必须得到弥补。

如果理性的投资者拥有充分的信息，股票价格将会长期维持在公司的内在价值水平附近。然而在过热的市场下，当投资者似乎愿意为一只股票支付所有家当的时候，市场价格将被迫偏离其真实价值。华尔街便开始接受这支股票被高估这一非一般性的高增长率，同时忽略了其他长期稳定的趋势。

当把市场运动的趋势放在整个经济背景中去考察时，价格与价值之间的差异就显得极为重要了。投资者绝不能购买那些价格高于公司长期增长率水平的股票，或者说，他们应当对那些价格上涨的幅度超过公司价值增加的幅度的股票敬而远之。尽管精确估计公司的真实价值十分困难，但用以估价的证据仍然能够得到。例如，假若股票价格在某一时期内增长了 50%，而同时期公司收入只有10%的增长率，那么股票价值很可能被高估，从而注定只能提供微薄的回报。相反，股票价格下跌而公司收入上升，那么应当仔细地审视收购该股票的机会。如果股票价格直线下降，而价格收入比低于公司预期的增长率，这种现象或许就可以看作是买入的信号，股票价格最终会回归其价值。如果投资人利用价格和价值的差异，在价值被低估时买入股票，那么他将会从中获利。

价值投资基石：安全边际

安全边际是对投资者自身能力的有限性、股票市场波动的巨大的不确定性以及公司发展的不确定性的一种预防和扣除。有了较大的安全边际，即使我们对公司价值的评估有一定的误差，市场价格在较长的时期内也会仍低于价值，公司发展就是暂时受到挫折，也不会妨碍我们的投资资本的安全性，并能保证我们取得最低限度的满意报酬率。

格雷厄姆曾告诉巴菲特两个最重要的投资规则：

第一条规则：永远不要亏损。

第二条规则：永远不要忘记第一条。

巴菲特始终遵循着导师的教诲，坚持“安全边际”的原则，这是巴菲特永不亏损的投资秘诀，也是成功投资的基石。格雷厄姆说：“安全边际的概念可以被用来作为试金石，有助于区别投资操作与投机操作。”根据安全边际进行的价值投资，风险更低但收益更高。

寻找真正的安全边际可以由数据、理性的推理和很多实际经验得到证明。在正常条件下，为投资而购买的普通股，安全边际大大超出了现行债券利率的预期获利能力。

如果忽视安全边际，即使你买入非常优秀的企业的股票，如果买入价格过高，也很难盈利。

即便是对于最好的公司，你也有可能买价过高。买价过高的风险经常会出现，而且实际上现在对于所有股票，包括那些竞争优势未必长期持续的公司股票，这种买价过高的风险已经相当大了。投资者需要清醒地认识到，在一个过“热”的市场中买入股票，即便是一家特别优秀的公司的股票，可能也要等待很长的一段时间后，公司所能实现的价值才能增长到与投资者支付的股价相当的水平。

安全边际是投资中最为重要的，它能够：

（1）降低投资风险。

（2）降低预测失误的风险。

投资者在买入价格上，如果留有足够的安全边际，不仅能降低因为预测失误而引起的投资风险，而且在预测基本正确的情况下，还可以降低买入成本，在保证本金安全的前提下获取稳定的投资回报。

根据安全边际进行价值投资的投资报酬与风险不成正比而成反比，风险越低往往报酬越高。

在价值投资法中，如果你以 60 美分买进 1 美元的纸币，其风险大于以 40 美分买进 1 美元的纸币，但后者报酬的期望值却比前者高，以价值为导向的投资组合，其报酬的潜力越高，风险越低。

在 1973 年，《华盛顿邮报》公司的总市值为 8000 万美元，你可以将其资产卖给十位买家中的任何一位，而且价格不低于 4 亿美元，甚至还会更高。该公司拥有《华盛顿邮报》《新闻周刊》以及几家重要的电视台，这些资产目前的价值为 20 亿美元，因此愿意支付 4 亿美元的买家并非疯子。现在如果股价继续下跌，该企业的市值就会从 8000 万美元跌到 4000 万美元。更低的价格意味着更大的风险，事实上，如果你能够买进好几只价值严重被低估的股票，如果你精通公司的估值，那么以 8000 万美元买入价值 4 亿美元的资产，尤其是分别以 800 万美元的价格买进 10 种价值 4000 万美元的资产，基本上是毫无风险的。因为你无法直接管理 4 亿美元的资产，所以你希望能够找到诚实且有能力的管理者，这并不困难。同时你必须具有相应的知识，使你能够大致准确地评估企业的内在价值，但是你不需要很精确地评估数值，这就使你拥有了一个安全边际。你不必试图以 8000 万美元的价格购买价值 8300 万美元的企业，但你必须让自己拥有很大的安全边际。

在买入价格上坚持留有一个安全边际。如果计算出一只普通股的价值仅仅略高于它的价格，那么就没有必要对其买入产生兴趣。相信这种“安全边际”原则，格雷厄姆尤其强调这一点——是投资成功的基石。

价值投资的三角：投资人、市场、公司

要想成功地进行投资，你不需要懂得有多大市场、现代投资组合理论等，你只需要知道如何评估企业的价值以及如何思考市场的价格就够了。

巴菲特说：“评估一家企业的价值，部分是艺术，部分是科学。”价值投资者需要评估企业价值、思考市场价格。关于价值投资，作为一般投资者，并不一定要学习那些空洞的理论，只需要学习公司估价与正确看待市场波动。

巴菲特认为投资者在学习公司估价与正确看待市场波动的同时，必须培养适合的性格，然后用心思考那些你真正下功夫就能充分了解的企业。如果你具有适合的性格，你的股票投资就会做得很好。

成功的投资生涯不需要天才般的智商、非比寻常的经济眼光或是内幕消息，所需要的只是在做出投资决策时的正确思维模式，以及有能力避免情绪破坏理性的思考，你的投资业绩将取决于你倾注在投资中的努力与知识，以及在你的投资生涯中

股票市场所展现的愚蠢程度。市场的表现越是愚蠢，善于捕捉机会的投资者的胜率就越大。

综合巴菲特关于价值投资的论述，我们将其总结归纳为价值投资成功的金三角：

（1）培养理性自制的性格。

（2）正确看待市场波动。

（3）合理评估公司价值。

以下我们分三方面来论述价值投资成功的金三角：

1. 如何分析自己，培养理性自制的性格

巴菲特强调投资成功的前提是理性的思维与自制的性格：投资必须是理性的，如果你不能理解它，就不要做。

巴菲特的合作伙伴查理·芒格在斯坦福法学院的演讲中说："在投资中，情商远比智商更为重要。做投资你不必是一个天才，但你必须具备适合的性格。"

股票投资者只强调对公司财务数据的数学分析，并不能保证其成功，否则会计师和数学家就是世界上最富有的人了。但过于迷信属于投资艺术的灵感，也很危险，否则艺术大师、诗人、气功大师全都是投资大师了。

投资者在对公司的历史进行分析时，需要保持理性；对公司未来进行预测时需要敏感和直觉。但由于历史分析和未来预测都是由投资人做出的，而投资人在分析预测的过程中面对尽管很多却并不完整的历史信息，以及数量很少、准确性很差的未来预测信息时，每一次投资决策在某种程度上都是一种结果不确定的博弈。投资人的长期业绩取决于一系列的博弈。所以，投资人必须像职业棋手那样具有良好的性格，从而提高决策的稳定性，否则像赌徒那样狂赌，一次重大失误就足以致命。

2. 如何分析市场

态度对市场波动有很大的作用，是因为股票市场的影响力实在是太巨大了，投资者要保持理性的决策是一件非常困难的事情。

正如巴菲特所说："一个投资者必须既具备良好的公司分析能力，同时又必须把他的思想和行为同在市场中肆虐的极易传染的情绪隔绝开来，才有可能取得成功。在我自己与市场情绪保持隔绝的努力中，我发现将格雷厄姆的'市场先生'的故事牢记在心是非常有用的。"

在市场波动的巨大心理影响下，保持理性，是对市场波动有正确的态度和看法的前提。

投资大师们用其一生的投资经验为我们提出了正确看待市场波动的成功经验：

格雷厄姆和巴菲特的忠告："市场先生"是仆人，而非向导。

巴菲特与林奇的警告：股市永远无法准确预测。

巴菲特与林奇投资成功的基本原则：要逆向投资而不是跟随市场。

投资大师对有效市场理论的共同批判：有效市场理论荒唐透顶。

3. **如何评估公司价值**

投资者首先要对公司价值进行评估，确定自己准备买入的企业股票的价值是多少，然后跟股票的市场价格进行比较。投资者发现符合其选股标准的目标企业后，不管股价高低随意买入其股票并不能保证他获得利润。公司股票的市场价格如大大低于其对应的内在价值（更准确的应该是"真实价值"或"合理价值"），将会为价值投资人提供很大的安全边际和较大的利润空间。

因此，价值评估是价值投资的前提、基础和核心。巴菲特在伯克希尔公司 1992 年的年报中说："内在价值是一个非常重要的概念，它为评估投资和企业的相对吸引力提供了唯一的逻辑手段。"

因为股票的价值是公司整体价值的一部分，所以对于股东来说，不考虑股票交易的股票其内在价值评估与公司价值评估其实是完全相同的。价值投资人在进行价值分析时，对于上市公司和自己完全拥有的私有企业的价值评估方法是完全一样的。格雷厄姆指出："典型的普通股投资者是企业家，对他而言，用和估价自己的私人企业同样的方法来估价任何其他上市公司似乎是理所当然的做法。"价值投资人买入上市公司的股票，实质上相当于拥有一家私有企业的部分股权。在买入股票之前，首先要对这家上市公司的私有企业的市场价值进行评估。

股市中的价值规律

股票的价格本质上是由其内在价值决定的。越是成熟的股市，越是注重股票的内在价值。股票的价值越高，相对的股票价格就越大。股票的市场价格会受到供求关系的影响，而围绕价值上下波动。在一个健康的股市中，股价围绕价值波动的幅度都不大。股票的价格会随着企业的发展而变化，所以这是一个动态的平衡。一般来说，最多两年内可预期的股企效益增长，可列入动态价值考量的范畴中，相对的股价可以高一些。尽管市场短期波动中经常使价格偏离价值，但从长期来说，市场偏离价值的股票市场价格具有向价值回归的趋势。

希格尔说："政治或经济危机可以导致股票偏离其长期的发展方向，但是市场体系的活力能让它们重新返回长期的趋势。或许这就是股票投资收益率为什么能够超越在过去两个世纪中影响全世界的政治、经济和社会的异常变化而保持稳定性的原因。"

价值投资之所以能够持续地战胜市场，根本原因就在于其对价值规律的合理利用。投资者利用短期内价格与价值的偏离，以低价买入目标股票，形成理想的安全边际，利用长期内价格向价值的回归，以更高的价格卖出自己以前低价买入的股票，从而获取巨大的投资利润。

格雷厄姆在《证券分析》中指出："当证券分析家在寻找那些价值被低估或高估的证券时，他们就更关心市场价格了。因为此时他的最终判断很大程度上必须根据证券的市场价格来做出。这种分析工作有以下两个前提：第一，市场价格经常偏离证券的实际价值；第二，当发生这种偏离时，市场中会出现自我纠正的趋势。"

格雷厄姆认为，内在价值是影响股票市场价格的两大重要因素之一，另一个因素即投机因素，价值因素与投机因素的交互作用使股票市场价格围绕股票的内在价值不停地波动，价值因素只能部分地影响市场价格。价值因素是由公司经营的客观因素决定的，并不能直接被市场或交易者发现，需要通过大量的分析才能在一定程度上近似地确定，通过投资者的感觉和决定，间接地影响市场价格。由于价值规律的作用，市场价格经常偏离其内在价值。

分析格雷厄姆关于价值投资的论述，我们会发现，格雷厄姆价值投资的基本思想是对股票市场价值规律的合理利用。

格雷厄姆将价值投资成功的根本原因归于股票价格波动形成的投资机会："从根本上讲，价格波动对真正的投资者有一个重要意义：当价格大幅下跌后，提供给投资者低价买入的机会；当价格大幅上涨后，提供给投资者高价卖出的机会。"

股市总是特别偏爱投资于估值过低股票的投资者。首先，股市几乎在任何时候都会生成大量的真正估值过低的股票以供投资者选择。然后，在其被忽视且朝投资者所期望的价值相反运行相当长时间以检验他的坚定性之后，在大多数情况下，市场总会将其价格提高到和其代表的价值相符的水平。投资者利用市场中的价值规律来获取最终利润。

200多年的股市历史表明，受价值规律的影响，股票价格会围绕股票价值上下波动，不过股票市场的波动更加激烈。这是因为：

（1）金融证券的价格受一些影响深远但又变幻莫测的因素支配。格雷厄姆形象地把这种影响证券价格波动的非人力因素称为“市场先生”。“市场先生”每天都现身来买卖金融资产，他是一个奇怪的家伙，他根据各种各样难以预料的情绪波动，使价格落在他所愿意成交的位置上。

（2）尽管金融资产的市场价格涨落不定，但许多资产具有相对稳定的基础经济价值。训练有素且勤勉的投资者能够精确合理地衡量这一基础经济价值。证券的内在价值与当前的交易价格通常是不对等的。

（3）在证券的市场价格明显低于计算所得的内在价值时购买证券，最终必将产生超额的回报。理论上价值和价格之间的差距约等于基础价值的1/2，而且至少不低于基础价值的1/3。最终的收益可能更大，而且更重要的是非常安全。

作为投资者必须明白的一点是，有些优秀的公司，因为受众人所爱，所以本益比不会很低。因此，对于投资者来说，只要一家公司一直都在快速而又稳定地成长，那么30～40倍的本益比也未必过分。

因此，投资者在分析优秀公司时，应该翻查有史以来有关公司的本益比资料，然后在股市低迷的时候，看看这家公司的本益比是不是已经跌入前所未有的境地。

价值投资能持续战胜市场

作为投资者，在投资中，你付出的是价格，而得到的是价值，不需要考虑那些单个股票的价格周期及整个市场的波动。市场周期绝不是影响投资者选择股票的重要因素，当股价处在高位时，你更难以发现那些被市场低估的股票，因为此时大多数股票价格偏高；而当市场处在低迷时，你的选择余地会更多，因为此时大多数企业价值被低估，你就有了更多的选择。

巴菲特说："每个价值投资的投资业绩都来自于利用企业股票市场价格与其内在价值之间的差异。"价值投资以高收益和低风险持续战胜市场。

从格雷厄姆1934年出版《证券分析》一书提出价值投资以后，70多年来，证券市场不断发展壮大，已经发生了巨大的变化，那么，价值投资在这70年期间一直有效吗？答案是：有效，而且非常有效，甚至可以说价值投资是唯一能够持续战胜市场的投资策略。

价值投资的实践也证明，基于安全边际的价值投资能够取得超出市场平均水平的投资业绩，而且这种超额收益并非来自于高风险，相反，价值投资策略的相对风险更小。

巴菲特关于价值投资的收益更高、风险更低的说法，根据一些财务指标与股票价格的比率分析（价格与收益比、价格与账面值比、价格与现金流量比等）表明，投资于盈率、低股价股利收入比率、低股价现金流比率股票，能够取得超额的投资利润。这些指标尽管并不能直接表示安全边际的大小，但可以间接证明比率较低的公司股票相对于比率较高的公司股票可能被低估，所以，相对而言，具有较大的安全边际。因此，这为普通投资者采用价值投资策略提供了更多的依据。

价值投资者利用价格与价值的偏离，以低价买入目标股票，以更高的价格卖出自己以前低价买入的股票。那么，价值投资原理为什么有效呢？也就是说，股票市场中价格与价值为什么会这样波动呢？在股票市场中，价格为什么会经常偏离价值，而且在价格偏离价值后，经过相当长的时间后，价格会向价值回归呢？这是所有价值投资人都必须思考的最重要的问题。因为认识市场的波动规律，对于投资人战胜市场具有非常重大的意义。

实际上，价值投资能持续战胜市场的关键在于股市波动，合理利用价值规律。巴菲特回忆在为格雷厄姆—纽曼公司工作时，他问他的老板格雷厄姆：当一家股票的价值被市场低估时，作为投资者如何才能确定它最终将升值呢？格雷厄姆只是耸耸肩，回答说："市场最终总是会这么做的……从短期来看，市场是一台投票机；但从长期来看，它是一台称重机。"

在当今社会，价值投资越来越引起人们的关注，但真正这样做的人并不多。因为价值投资的概念虽然不难懂，但人们却很难真正这样实践，因为它与人性中的某些惯性作用是相抵触的。投资者习惯了"旅鼠式"的行动，如果让他们脱离原有的群体，是非常不容易的。就像巴菲特所指出的那样："在我进入投资领域三十多年的亲身经历中，还没有发现运用价值投资原则的趋势。看来，人性中总是有某种不良成分，它喜欢将简单的事情复杂化。"

对于投资者来说，重要的不是理解别人的投资理念，而是懂得在实践中如何运用它。

作为普通投资者，在买入价格上留有足够的安全边际，不仅能降低因为预测失误而引起的投资风险，而且在预测基本正确的情况下，还可以降低买入成本，在保证本金安全的前提下获取稳定的投资回报。

第二节　评估一只股票的价值

股本收益率高的公司

公司的股本收益率走势和未来盈利走势之间存在着某种相关的关系。如果年度股本收益率上升，盈利率也应该同样上升。

如果股本收益率的走势稳定，那么盈利率的走势就很可能会同样稳定，并且具有更高的可预见性。

作为投资者，如果你能估计公司未来的股本收益率，那么你就可以估计股本价值在年度间的增长。并且，如果你能估计股本价值的增长，你就能合理地预测取得每年年终股本价值所需的盈利水平。

巴菲特说："当股价走到了相对于其盈利增长以及股本收益率具有吸引力的水平时，才应当购买。"这是取得成功的一个要诀。

作为一个股票持有者，应该把注意力集中在具有高水平股本收益率的公司上，因为股票业绩指标直接关系到你的钱包。你应该主要关心投资收益，或者从股票中获得的现金流。你得到过股息吗？股票价格上升了吗？你的总收益率是多少？

投资收益在对公司进行分析时发挥着一个重要作用，它把股票价格和股票价值置于一个恰当的关系之中。许多投资者都把注意力集中在公司的过去及预测的盈利增长上。即使顶尖的分析师们一般也非常关注盈亏底线的增长，把其作为衡量成功的标准。然而，一个公司使投资者的资本获得高收益的能力，对于长期增长同样是至关重要的。

在某些方面，投资收益是衡量公司表现的一个更加重要的尺度，因为公司可以借助众多的手段来改变它们的会计利润。

股票投资者的收益包括股息支付，加上投资者在股票持有期内所经历的股票价格的上升部分（减去下降部分）。市场只关注股票持有者的年收益，通常用收入或者损失的百分比来表示，并且通常以日历记年为基准期来计算收益。股票持有者的收益指的是年收益，等于股息与股票价格净变化的和除以股票的初始价格：

股票持有者收益率＝（股息＋股票价格变动）/股票初始价格

例如，如果一只股票的年初价格是100美元，随后的一年中发放1美元的股息，年终股票价格是109美元，其持有者的收益率就等于（1＋9）/100＝10％。这个计算并不复杂。

股票市场可能因为宏观经济问题而出现下降，诸如较高的利率、较低的盈利预测、通货膨胀或紧缩恐慌、地缘政治情况，比如中东关系恶化、俄罗斯货币危机或者卡斯特罗的健康好转等。这种市场的下跌力量可能会推动你的股票一起下跌，公司管理层对股票价格的反向运动也无能为力。所以即便公司的运营和盈利前景都非常良好，但股票持有者的收益率也可能是负数。

相反，在公司的运营非常普通或者糟糕的时候，股票持有者的收益率可能非常好。股票市场可能因为某种积极的经济事件而上扬，比如：一次大罢工事件的妥善解决或者减少了通货膨胀的恐慌。糟糕的公司运营状况可能会使公司进入被收购的候选名单，股票价格的上升可能是对这个公司的股票收购要约的结果。例如，1997年，所罗门兄弟公司在交易中遭受了严重损失，导致旅游者集团旗下的史密斯—巴尼公司以远高于当时市价的溢价水平收购了所罗门公司。

当一家公司取得了高水平的股本收益率时，表明它在运用股东们提供的资产时富有效率。因此，公司就会以很快的速度提高股本价值，由此也使股价获得了一个同样快速的增长。

股本收益有没有一个标准呢？

标准普尔500指数代表的是公司的股票收益，在20世纪的大部分时间里，平均水平在10％～15％之间，然而到90年代却急剧增长。到90年代末，公司的股东收益超过了20％。考虑到这是500家公司的平均水平，20％的水平确实是一个惊人的速度。在90年代，许多技术公司的股本收益都持续超过了30％。许多生产消费品的公司，如可口可乐、菲利浦·莫里斯，以及某些制药公司，如华纳·兰伯特（Wamer Lambert）、艾博特实验室，还有默克公司，它们的股本收益都超过了30%。由于公司为股东持有的股票（或者账面价值）创造了如此高的收益，投资者们愿意为其股票支付一个相对于账面价值来说很高的溢价。在20世纪的大部分时间里，股票价格一般为股本价值的1～2倍，而这些公司的平均股票价格到1999年后期却超过了股本价值的6倍。

但是1999年之前，巴菲特开始质疑公司能否以超过20%的速度持续地提高股本收益。他认为如果它们不能做到，股价就不应该达到6倍于股东价值的水平。历史证实了巴菲特的判断。在90年代，美国公司不再慷慨地分派红利，而是越来越多地保留了当年的盈利。此外，美国经济似乎只能维持一个3%～4%的年增长率，在这些条件下，公司无限期地保持一个20%的股本收益的增长速度几乎是不可能的，必须达到一个超过20%的年盈利的增长速度，才能使股本收益以20%的速度增长——这是不可能的，除非经济增长速度每年远远超过10%。

但巴菲特也确信，公司能够创造并维持高水平的股本收益率是可遇而不可求的，这样的事情实在是太少了。因为当公司的规模扩大时，维持高水平的股本收益率是极其困难的事情。事实上，许多最大的、最有希望的美国公司——其中包括通用电气、微软、沃尔玛以及思科系统，由于规模扩大，几年来股本收益率一直在稳定下降。这些公司发现当股本价值仅为10亿美元时，赚取足够的利润使股本收益率录达到30%是很容易的事情。现在，比如说，当股本达到100亿或者200亿美元时，公司要维持一个30%的股本收益率是极其困难的。

利用“总体盈余”法进行估算

每股盈余是指税后利润与发行在外的普通股数的比率，反映普通股股东所持股份中每股应分享的利润。显然，这一比率越高越好，比率越高，每一股可得的利润就越多，股东投资收益就越好；反之就越差。其计算公式如下：每股盈余＝税后纯益一特别股股利发行在外的普通股股数。每股盈余弥补了股东仅知道每股所获得的股利而不了解盈利的全面情况的这一不足。同时，这一指标也直接关系到股票价格的升跌。

巴菲特说："在这个巨大的交易舞台中，我们的任务就是寻找这类企业：它的盈利状况可以使每一美元的留存收益至少能转化为一美元的市场价值。"每位投资者的目标就是建立可以在未来很多年还能产生总体盈余最高的投资组合。

当巴菲特考虑准备进行一项新的投资时，他会先与已经拥有了的投资进行比较，看新的投资是否会表现得更好。伯克希尔公司已经拥有一个完备的评估体系来衡量新投资案，因为它过去已经积累了许多不错的投资案可供比较。对于普通投资者来说，最好的评估指标就是自己已经拥有的投资案。如果新投资案的未来潜在表现还不如你已经拥有的那一个好，就表明它还没有达到你的投资门槛，以此方法可以有 99％的把握检验出你目前所看到的投资案的价值。为了了解公司股票的投资价值，巴菲特经常利用"总体盈余"法进行估算。

伯克希尔公司的总体盈余是该公司及其转投资公司营运盈余的总和，加上投资股票巨大的保留盈余，以及该公司在保留盈余没有派发股息的情形下必须付出的税金预提部分。许多年来，伯克希尔公司的保留盈余来自于惊人的股票投资报酬，包括可口可乐、联邦房屋贷款公司、吉列剃须刀公司、《华盛顿邮报》以及其他不错的公司。到 1997 年，公司保留了惊人的数额盈余。不过根据现在一般的会计原则，伯克希尔公司还不能在损益表中公布其每股保留盈余。尽管如此，巴菲特指出，保留盈余还是有其明显的衡量价值的。

总体盈余法为价值投资者检验投资组合提供了一个指标。

从 1965 年巴菲特领导伯克希尔公司以来，该公司的总体盈余一直与公司的股票价格同步增长。但是有的时候盈余会比价格先反映出来，尤其是当格雷厄姆口中的“市场先生”表现得较为低迷的时候。同样，有时价格又比盈余先反映出来。但是无论如何，彼此的关联性必须经过一个较长的时期才会得到应有的反映。巴菲特说：“这种方式会迫使投资人思考标的公司的长期远景，而不只是炒作短线题材，如此操作，成绩才会有大进步。”

作为一般投资者，在对未来的盈余状况进行评估时，应当首先研究过去。许多投资实践表明，一个公司增长的历史是其未来走向的最可靠的指示器。这种思路可以帮助你了解你所研究的对象，它是一个像默克那样的稳定增长的公司，还是一个像英科那样的高负债的周期性增长的公司。

可是，在数千家上市公司中，仅有一小部分实现了这样的稳定程度。其中包括艾博特实验室、默克公司、菲利浦·莫里斯、麦当劳、可口可乐、埃默森电气、自动数据处理以及沃尔格林公司。如果你绘制了这些公司多年来的利润增长图表，你就会发现一个几乎连续的趋势——无论在经济走强还是走弱时期，利润都在按一个稳定的比率增长着。能在相当长的时期内保持这样稳定水平的公司极有可能在将来做得同样好。

投资者们经常会犯这样的错误：他们对公司增长水平的推断超越了公司真实的增长率，并且他们假定一家公司能够突然地与过去一刀两断。实际上，你应当预期到一个相反的结果：或早或晚，公司的总体盈余最终会降下来，因为寻找新的市场、不断扩大销售，会变得更加困难。

利用现金流量进行评估

自由现金流量贴现模型是理论上最严密、实践中最完善的公司价值评估模型，它完全适用于持续竞争的优秀企业。

巴菲特说："内在价值是一个非常重要的概念，它为评估投资和企业的相对吸引力提供了唯一的逻辑手段。内在价值的定义很简单，它是一家企业在其余下的寿命中可以产生的现金流量的贴现值。"没有准确的价值评估，巴菲特也无法确定应该以什么价格买入股票才划算。他认为现金流量是进行价值评估的最好方法。

要进行准确的价值评估，必须做好以下三种正确的选择：

1. 选择正确的估值模型——现金流量贴现模型

准确进行价值评估的第一步是选择正确的估值模型。巴菲特认为，唯一正确的内在价值评估模型是1942年约翰·伯尔·威廉姆斯提出的现金流量贴现模型：

"在写于50年前的《投资价值理论》中，约翰·伯尔·威廉姆斯提出了价值计算的数学公式，这里我们将其精练为：今天任何股票、债券或公司的价值，取决于在资产的整个剩余使用寿命期间预期能够产生的、以适当的利率贴现的现金流入和流出。请注意这个公式对股票和债券来说完全相同。尽管如此，但两者之间有一个非常重要的，也是很难对付的差别：债券有一个息票和到期日，从而可以确定未来现金流。而对于股票投资，投资分析师则必须自己估计未来的'息票'。另外，管理人员的能力和水平对于息票的影响甚少，主要是在管理人员如此无能或不诚实，以至于暂停支付债券利息的时候才有影响。与债券相反，股份公司管理人员的能力对股权的'息票'有巨大的影响。"

其实，关于股票的价值评估方法有很多种，那么，巴菲特为什么认为现金流量贴现模型是唯一正确的估值模型呢？

只有现金流量贴现模型，才能比较准确地评估具有持续竞争优势的企业的内在价值。而且它是最严密、最完善的估值模型。这是因为：

（1）该模型是在对构成公司价值的业务的各个组成部分创

造的价值进行评估的基础上计算公司的权益价值。这样可以使投资者明确和全面了解公司价值的来源、每项业务的情况及价值创造的能力。

(2) 公司自由现金流量的多少反映了竞争优势水平的高低，产生自由现金流量的期限与竞争优势持续期相一致，资本成本的高低也反映了竞争中投资风险的高低。

(3) 该模型非常精密，能处理大多数复杂的情况。

(4) 该模型与多数公司熟悉的资本预算的编制过程相一致，计算也比较简单，易于操作。

2. 选择正确的现金流量定义和贴现率标准

准确进行价值评估的第二步是选择正确的现金流量定义和贴现率标准。

巴菲特认为："今天任何股票、债券或公司的价值，取决于在资产的整个剩余使用寿命期间预期能够产生的，以适当的利率贴现的现金流入和流出。"也许你会因此认为巴菲特使用的内在价值评估模型与我们在财务管理课程中学习的现金流量贴现模型完全相同。实际上二者具有根本的不同。

巴菲特认为通常采用的"现金流量等于报告收益减去非现金费用"的定义并不完全正确，因为这忽略了企业用于维护长期竞争地位的资本性支出。

巴菲特并没有采用加权平均资本作为贴现率，而采用长期国债利率，这是因为他选择的企业具有长期持续竞争的优势。

3. 选择正确的公司未来长期现金流量的预测方法

可以肯定的是，投资人要得出一个证据充分的正确结论，需要对公司的经营情况有大致的了解，并且需要具备独立思考的能力。但是，投资者既不需要具备什么出众的天才，也不需要具备超人的直觉。很多时候，即使是最聪明的投资人都没有办法提出确凿的证据，即使是在最宽松的假设下仍是如此，这种不确定性在考察新成立的企业或是快速变化的产业时经常发生。在这种非常不确定的情况下，任何规模的投资都属于投机。

正是基于这些原因，巴菲特认为，防止估计未来现金流量出错有两个保守却可行的办法：能力圈原则与安全边际原则。“尽管用来评估股票价值的公式并不复杂，但分析师，即使是经验丰富且聪明智慧的分析师在估计未来现金流时也很容易出错。在伯克希尔，我们采用两种方法来对付这个问题。第一，我们努力固守于我们相信我们可以了解的公司。这意味着它们的业务本身通常具有相当简单且稳定的特点，如果企业很复杂而产业环境也不断在变化，那么，我们就实在是没有足够的聪明才智去预测其未来现金流量了，碰巧的是，这个缺点一点儿也不会让我们感到困扰。对于大多数投资者而言，重要的不是他们到底知道什么，而是他们真正明白自己到底不知道什么。只要能够尽量避免犯重大的错误，那么投资人只需要做很少的几件正确的事情就足可以保证盈利了。第二，亦是同等重要的，我们强调在买入价格上留有安全边际。如果我们计算出一只普通股的价值仅仅略高于它的价格，那么，我们不会对其买入产生兴趣。”

总的说来，利用现金流量进行评估是股票价值评估中非常重要的参数，其选择是否恰当将对评估结果和投资判断产生巨大的影响。巴菲特之所以认为利用现金流量评估是简单有效的，这是因为：

（1）巴菲特把一切股票投资都放在与债券收益的相互关系之中来看待。如果他在股票上无法得到超过债券的潜在收益率，那么，他会选择购买债券。因此，他的公司定价的第一层筛选方法就是设定一个门槛收益率，即公司权益投资收益率必须能够达到政府债券的收益率。

（2）巴菲特并没有浪费精力试图去为他研究的股票分别设定一个合适的、唯一的贴现率。每个企业的贴现率（资本成本）是动态的，它们随着利率、利润估计、股票的稳定性以及公司财务结构的变化而不断变动。对一支股票的定价结果，与其做出分析时的各种条件紧密相关。但是两天之后，可能会出现新的情况，迫使一个分析家改变贴现率，并对公司做出不同的定价。为了避免不断地修改模型，巴菲特总是很严格地保持他的定价参数的一致性。

（3）如果一个企业没有任何商业风险，那么，他的未来盈利就是完全可以预测的。在巴菲特眼里，可口可乐、吉列等优秀公司的股票就如同政府债券一样毫无风险，因此，应该采用一个与国债利率相同的贴现率。

运用概率估值

用概率来思考，不管是主观概率还是客观概率，都使投资者对所要购入的股票进行清醒和理智的思索。

巴菲特说：“用亏损概率乘以可能亏损的数量，再用收益概率乘以可能收益的数量，最后用后者减去前者。这就是我们一直试图运用的方法。”

在投资中，概率的运用提高了预测的准确性，降低了投资的风险。

如果我们说股票市场是一个无定律的世界，那么此话就过于简单了。在这个世界上，成千上万的力量结合在一起，才产生出了各种股票价格，这些力量随时都处于变动状态，任何一股力量对股票价格都会产生影响，而没有任何一股力量是可以被准确地预测出来的。投资人的工作就是正确评估各种股票价格变化的可能性，判断股票价格变化带来的损失与收益，并从中选择最具有投资价值的股票。

不管投资者自己是否意识到了，几乎所有的投资决策都是概率的运用。巴菲特的投资决策也应用了概率论，并巧妙地加进了自己的理解。

巴菲特说："先把可能损失的概率乘以可能损失的量，再把可能获利的概率乘以可能获利的量，然后两者比较。虽然这种方法并不完美，但我们尽力而为。"

要把概率理论应用到实际的投资当中去，还需要对数字计算的方法有更深刻的理解。

掷硬币猜中头像一面的概率为1/2，这意味着什么呢？或者说掷骰子单数出现的概率为1/2，这又是什么意思呢？如果一个盒子里装有70个绿色大理石球，30个蓝色大理石球，为什么蓝色大理石球被捡出的概率为3/10。上面所有的例子在概率发生事件中均被称为频率分析，它是基于平均数的法则。

如果一件不确定事件被重复无数次，事件发生的频数就会被反映在概率中。如果我们掷硬币10万次，预计出现的头像次数是5万次。注意并不是"它将等于5万次"。按无限量大的原理只有当这个行为被重复无数次时，它的相对频数与概率才趋向于相等。从理论上讲，我们知道投掷硬币得到"头像"这一面的概率是1/2，但我们永远不能说两面出现的概率相等，除非硬币被掷无数次。

澄清投资与概率论之间联系的一个有用例证是风险套购的做法。

根据《杰出投资家文摘》的报道，巴菲特对风险套购的看法与斯坦福商学院的学生的看法是相同的。巴菲特解释道："我已经做了40年的风险套购，我的老板格雷厄姆在我之前也做了30年。"风险套购从纯粹意义上讲，不过是从两地不同市场所报的证券差价中套利的做法。比方说，同种商品和货币在全世界不同的市场上报价，如果两地市场对同种商品的报价不同，你可以在这个市场上买入，在另一个市场上卖出，并将这其中的差额部分装入自己的腰包。

风险套购已成为目前金融领域普遍采用的做法，它也包括对已宣布并购的企业进行套购。但巴菲特说："我的职责是分析这些（已宣布并购）事件实际发生的概率，并计算损益比率。”

巴菲特经常运用主观概率的方法来解释自己的决策过程。他说：“如果我认为这个事件有90%的可能性发生，它的上扬幅度就是3美元，同时它就有10%的可能性不发生，它下挫的幅度是9美元。用预期收益的27美元减去预期亏损的9美元就得出18美元（3×90%－9×10%＝18）的数学预期收益。”

接下来，巴菲特认为必须考虑时间跨度，并将这笔投资的收益与其他可行的投资回报相比较。如果你以每股27美元的价格购买阿伯特公司的股票，按照巴菲特的计算，潜在收益率为66%（18美元除以27美元）。如果交易有望在6个月内实现，那么投资的年收益率就是132%。巴菲特将会把这个风险套购收益率同其他风险投资收益率进行比较。

通常，风险套购会隐含着潜在损失。巴菲特承认：“拿套利作为例子，其实我们就算在获利率非常确定的并购交易案中亏损也无所谓，但是我们不愿意随便抓住一些预期损失概率很大的投资机会。为此，我们希望计算出预期的获利概率，从而能真正成为决定是否投资此标的的唯一依据。”

由以上我们可以看出，巴菲特在风险套利的概率评估上是相当主观的。风险套利并无实际获利频率可言，因为每一次交易都不同，每　种情况都需要做出不同的独立评估。但即使如此，理性的数学计算仍能显示出风险套利交易的获利期望值的高低。

从以上我们可以总结出如何在投资中运用概率论：

（1）计算概率。

（2）根据新的信息调整概率。

（3）随着概率的上升，投资数量也应加大。

（4）只有当成功的几率完全对你有利时才投资。

不管投资者自己是否意识到了，几乎所有的投资决策都是概率的应用。为了成功地应用概率原理，关键的一步是要将历史数据与最近可得的数据相结合。

但是，也有投资者认为，巴菲特的投资战略之所以有效是因为他有这个能力，而对那些没有这种数学能力的一般投资者，这个战略就无效。实际上这是不对的。实施巴菲特的投资战略并不需要投资者学习高深的数学。《杰出投资家文摘》报道在南加州大学所做的演讲中，蒙格解释道："这是简单的代数问题，学起来并不难。难的是在你的日常生活中几乎每天都应用它。费马·帕斯卡定理与世界的运转方式是完全协调的。它是基本的事实，所以我们必须掌握这一技巧。"

那么，我们在投资中努力学习概率论是否值得呢？答案是肯定的。因为巴菲特的成功就与其概率计算能力有密切的联系。假如投资者也能学会从概率的角度思考问题，那么就会踏上获利之路，并能从自身的经验中吸取教训。

股价对价值的背离总会过去

投资者在投资过程中需要注意的是，无论股价怎么波动，你需要真正关心的是投资目标的内在价值。即使在股价处于高位的时候，只要在股价大大低于其内在价值的情况下，仍然可以进行投资；相反，如果股价处于低位，但是股价已经高于其内在价值，那么这仍然是不值得投资的。

在股市中，最常见的就是股价的波动。有时候面对的明明是一家很好的公司，但是股价却一直在价格的低位盘旋，导致很多投资者忍痛割爱，止损出局。事实上，巴菲特对这种情况的看法是：股价的波动是一件好事。因为股价的背离只是一种短暂的表现形式，从长期的角度来看，股价是不可能背离其内在价值的。

举个例子来说，巴菲特投资水果织机公司的时候，就是在该公司宣布破产的时候，当时伯克希尔公司是以差不多面额一半的价格买入了该公司的债券和银行的债券。要知道，这起破产案是十分特殊的，因为该公司虽然已宣布破产保护，可是即便是这个时候，它也没有停止支付有担保债券的利息，这样就使得伯克希尔公司每年依然能够得到15％的收益。到了2001年的时候，伯克希尔公司仍然拥有该公司10％的有担保债权。不难看出，巴菲特的做法和普通的投资者的做法是有很大区别的。当时以本金面额50％买入后，即使在70％左右进行回收，这笔投资也已经获得了40％的获利回报，如果再加上每年的15％左右的利息回报，伯克希尔公司获得的回报就已经相当可观了。

另外，一个更加典型的案例是，从2000年年末开始，巴菲特就陆续购进了Finova公司的债权。其实当时这家财务金融公司已经发生了一些问题，流通在外的美元债券价格高达110亿美元，已经下跌到面额的2/3左右，伯克希尔公司就在这个价格买入了其中约13％的债权。巴菲特选择该公司的理由是，该公司凶多吉少、难逃破产命运。但即使如此，该公司的净资产仍然摆在那里。伯克希尔公司从中回收的资金也会超过2/3面额的水平。即使该公司发生了最坏的状况，仍然是可以获利的。

当然，与普通投资者的投资行为不同的是，由于伯克希尔公司总是动不动地就去取得被收购公司的控股权，所以，相比之下，普通投资者并不具备如巴菲特的话语权，这最终会影响到投资收益回报的高低。

有人问格雷厄姆是什么力量使价格最终回归于价值呢？格雷厄姆回答说："这正是我们行业的一个神秘之处，对我和其他任何人而言，也一样神奇。但我们从经验上知道，最终市场会使股价回归于价值。"

股票市场和商品市场一样，同样遵循价值规律，股价短期波动很剧烈，经常偏离其价值，但是价格围绕价值波动，从长期来看，股价最终会回归于价值。巴菲特说："股价波动是根本无法预测的。”其实他说的是短期波动。从长期来看，股价波动完全可以预测，因为股价对价值的背离总会过去，最终会回归于价值。

第三节　时间的价值：复利

复利是投资成功的必备利器

复利是投资者成功的必备利器。短暂的追涨杀跌难成大气候，正如古语所言："先胖不算胖，后胖压塌炕。"世界上众多成功的投资者，莫不借助于长期稳定的复利的投资手段。在中国20年的股市历史上，股价的大趋势一直是呈上升趋势的，也不乏一些收益率长期稳定的优质企业。如果你能坚持长期投资，利用复利的力量，那么你现在的资产已经足够让你骄傲了。

巴菲特认为投资最大的收益是"时间复利"。1989年，巴菲特认为可口可乐公司的股票价格被低估，因此他将伯克希尔公司25%的资金投到了可口可乐的股票中，并从那时起一直持续至今，该项投资从最初的10亿美元已经飙升到了今天的80亿美元。1965～2006年的42年间，巴菲特旗下的伯克希尔公司年均增长率为21.4%，累计增长361156%，同期标准普尔500指数成分股公司的年均增长率仅有10.4%，累计增幅为6479%。

所谓复利也称利上加利，是指一笔存款或投资获得回报之后，再连本带利进行新一轮投资的方法。复利的计算是对本金及其产生的利息一并计算，也就是利上有利。本利和的计算公式是：投资终值＝P×（1＋i）n，其中P为原始投入本金，而i为投资工具年回报率，n则是指投资期限长短。

有一个古老的故事，说的是印第安人要想买回曼哈顿市，到2000年1月1日，他们得支付2.5万亿美元。而这个价格正是1626年他们出售时的24美元价格以每年7%的复利计算的价格。时间仍然流逝，到了第二年，曼哈顿的理论估值达到了头一年的7倍，即175万亿美元。到第三年，估值将再次高出187万亿美元。然后第四年，200万亿美元，如此等等。在投资过程中，没有任何因素比时间更具有影响力了。时间比税收、通货膨胀及股票在选择方法上的欠缺对个人财产的影响更为深远，要知道，社会事件扩大了那些关键因素的作用。

在股市中，如果投资者以20%的收益率进行投资，初始投资为10万元，来看一下他的盈利情况：

年份	资金额（万元）	累计收益率
1	12	0.2
2	14.4	0.44
3	17.28	0.728
4	20.73	1.07
5	24.88	1.488
6	29.8	1.98
7	35.83	2.58
8	42.99	3.29
9	51.59	4.15
10	61.9	5.19
11	74.3	6.43
12	89.16	7.91
13	106.99	9.69
14	128.39	11.8
15	154	14.4
16	184.8	17.48

上面我们计算了该项投资16年的收益情况，可以算出这16年的年平均收益率为109%。拿中国股市的投资者来说，有很多人都是在1993年进入股市的，到2009年正好是16个年头了。如果你的初始投资为10万元以下，到2009年也已经超过了100万元。假如你现在只有35岁的话，还有43年到巴菲特的年龄，仍然按照目前的收益率，从184万开始算的话，你43年后的收益就会是相当可观的。

再假如，你的初始投资为10万元的话，你的年收益率是30%，持有16年后，你的收益为678.4万元。假如再投资40年就是2450.3亿元，按照目前的汇率1∶7计算，你就会拥有350亿美元。假如40年后汇率变为12的话，你就会拥有1225.15亿美元的财富。那时候你比现在的巴菲特还要年轻3岁，你应该很满足了吧!

但问题在于很少有人有这个耐心，你要坚持投资56年，这期间绝大多数投资者肯定会做很多其他的事，比如消费、犯错误。此外寻找长期收益率30%的企业也是一件很困难的事。

也许有人会质疑，短线投机的复利力量不是更大吗？答案是肯定的，前提是你的短期投机的次数要足够的少，失败的损失要足够的小，但是市场是很难预测的，而短线却恰恰依赖于精确地判断每天的行情，我们只能靠企业的成长获得可靠的收益，忽略中间的过程，只重视结果。所以短线客大部分都是不能赚钱的，而价值投资者却往往领先这些短线投机者。

因此，我们注意到，复利的关键是时间。投资越久，复利的影响就越大。而且，越早开始投资，你从复利的效果中赚得就越多。所以，只要拥有耐心、勤勉的投资努力，任何人都能够走上亿万富翁之路。对于一个刚工作的年轻人，从现在开始每年节省下来几千块钱，放在比较稳健的长线股里，在复利的作用下，就能使个人在退休时轻松积累超过100万元的财富。时间在复利方式计算下的力量能够确保他仅靠储蓄就能够在65

岁或者70岁时获得相当数量的财富。如果他能够每年多投入几千元，那么退休时的财产积累将会更多。如果通过个人的财富管理能够多获得几个百分点的收益率，那么最终他的财富将成倍地增加。

长期投资获利的根源是复利

作为一个投资大师，巴菲特不但注意到了复利的神奇效用，同时他也在投资中创造了更为惊人的复利。之所以这么说是因为自从巴菲特1965年开始管理伯克希尔公司至2006年，41年来伯克希尔公司复利净资产收益率为22.5%。也就是说巴菲特把每1万美元都增值到了2593.85万美元。伯克希尔的副总裁芒格感叹到："如果既能理解复利的威力，又能理解获得复利的艰难，就等于抓住了理解许多事情的精髓。"

2007年巴菲特在致股东的信里写道："如果投资者希望在21世纪的股市中获得10%的年收益率，其中2%来自分红，8%来自股价的上涨，那么你就必须期待道指在2100年的时候能够达到24000000点（目前的道指是13000点）。如果你的财务顾问能够向你保证每年两位数字的收益率的话，那么你就应该当心那些油嘴滑舌的所谓的专家的论断了。一旦你被他们的美好愿望欺骗的时候，就是他们填满自己腰包的时候了。"

有三句话是这样描述复利的，第一句是："复利堪称世界第八大奇迹，其威力甚至超过原子弹"；第二句是："复利是人类最伟大的发明"；第三句是："复利是宇宙最强大的力量"。这三句话的意思是差不多的，都表示了同一个意思来突出复利的力量。

巴菲特的每项投资所需求的是最大的年复利税后回报率，他认为借助复利的累进才是真正获得财富的秘诀。

下表所显示的是10万美元分别在10年、20年和30年期间，以5%、10%、15%及20%的收益率，在不考虑税赋循环复利累进的情况下，该笔钱循环复利所能累进的价值。

收益率（%）	5	10	15	20
累进价值（美元）10年	162889	259374	404555	619173
累进价值（美元）20年	265329	672749	1636653	3833759
累进价值（美元）30年	432194	1744940	6621177	23737631

由上表可以看出，仅仅是5%和10%的差异，对投资人的整体获益就会有惊人的影响。你的10万美元，以每年10%的获利率经用免税的复利累进计算，10年后将会价值259374美元，若将获利率提高到20%，那么10万美元在10年后将增加到619173美元。20年后，则变成3833759美元，但是以10万美元，以免税的年获利率20%累进计算，持续30年，其价值会增长到23737631美元，这是一个相当可观的获利。

巴菲特寻找的，便是那些可能在最长的时间获得年复利回报率最高的公司。在伯克希尔的41年间，巴菲特一直能够以23.8%的平均年复利回报率来增加公司的净值。

在长期投资中，没有任何因素比时间更具有影响力了。随着时间的延续，复利将发挥巨大的作用，为投资者实现巨额的税后收益。

复利的力量得益于两个因素：时间的长短和回报率的高低。两个因素的不同，使复利带来的价值增值也有很大不同：时间的长短将对最终的价值数量产生巨大的影响，时间越长，复利产生的价值增值越多；回报率对最终的价值数量有巨大的杠杆作用，回报率的微小差异将使长期价值产生巨大的差异。以6%的年回报率计算，最初的1美元经过30年后将增值为5.74美元。以10%的年回报率计算，最初的1美元经过同样的30年后将增值为17.45美元。4%的微小回报率的差异，却使最终价值的差异高达3倍。

投资具有长期持续竞争优秀的卓越企业，投资者所需要做的只是长期持有，耐心等待股价随着公司的成长而上涨。具有持续竞争优势的企业具有超额的价值创造能力，其内在价值将持续稳定地增加，相应的，其股价也将逐步上升，复利的力量最终将为投资者带来巨大的财富。

持有时间决定收入的概率

事实上，1个月的持有策略的交易成功率还不到50%。这一概率也许能够让你成为赌城中的大赢家，但是在股市中却注定要失败。因为如果你全部的短期投资中只有一半能够盈利，那么你很可能由于佣金和交易费用的原因损失自己的全部资金。短期投机交易就失去了它身上的光环。人们已经完全明白骰子只能用于娱乐，你永远也不会通过掷骰子来赚钱。然而依靠时间，却能大大提高你的获利概率，为什么不这么做呢？

巴菲特说："如果你在一笔交易中挣了125美元，然后支付了50美元的佣金，你的净收入就只有75美元。然而如果你损失了125美元，那么你的净损失就达到175美元。"

从上面这个现象可以看出，如果投资者想通过短期的交易获得8%的收益率的话，必须要有三次成功的交易才能弥补上一次的失败交易。意思就是说，短期投资者必须保证75%的交易是成功的，才不至于损失，可见这个概率就变得很小了。因为股票市场是完全随机无法预测的，就像掷硬币游戏出现正面和反面的概率是一样的，下一桩股票交易的价格上升还是下降的概率也几乎完全一样。从长期来看，任何人在这样的游戏中都只有50%的概率能够盈利。

假如你有10万元的初始资金，如果你在一年之内交易了100次，按50%的概率来算，其中有一半每笔获利500元，那么意味着另一半每笔遭受500元的损失。按这样的情况到年终的时候，你的盈利就会为零。假如再把你每笔交易（买卖）的佣金费用（50元）算进去的话，那么年终你的资金实际上是损失了1万元。即使你的这100次交易有60%都是盈利的，你还是处于亏损的边缘。假如你想获得10%的收益的话，这就要求你70%的交易都是能够盈利的。如果你再有点儿野心要达到年收益率到20%的收益的话，你必须要有80%的交易都保证盈利才可以。

巴菲特十分嫌恶短期交易。对他而言，这种浪费资金的行为通常只会使投资者获得较少的收益。更有甚者，这种行为会引起股票定价上严重的不一致性，从而导致投资者不理性的行为并滋生投资者对股市的片面理解。“只有理性的股东才能形成稳定的、理性的股价。”1988年他在给基金股东的一封信中这样写道。从整体的角度去看，股市交易就像是经济体系的一个巨大的抽水机，它将资金从生产领域抽出并投入金融领域。

巴菲特曾经半开玩笑地说，美国政府应该对持有股票不超过一年的资本交易征收100%的税。“我们大多数的投资应当持有多年，投资决策应当取决于公司在此期间内的收益，而不是公司股价每天的波动。”20多年前他曾对《奥马哈世界先驱报》说，“就像当拥有一家公司却过分关注公司股价的短期波动一样，我认为在认购股票时只注意到公司近期的收益一样不可思议。”

巴菲特曾说：“考虑到我们庞大的资金规模，我和查理还没有聪明到通过频繁买进卖出来取得非凡投资业绩的程度。我们也并不认为其他人能够像蜜蜂一样从一朵花飞到另一朵花来取得长期的投资成功。我认为，把这种频繁交易的机构称为投资者，就如同把经常体验一夜情的人称为浪漫主义者一样荒谬。”

巴菲特采取长期持有策略的另一个重要原因，是尽可能减少缴纳资本利得税，使税后长期收益最大化。几乎所有的投资者都要缴纳资本利得税，但资本利得税只有在你出售股票并且卖出的价格超过你过去买入的价格时才需要缴纳。因此，是否缴纳资本利得税对于投资者来说是可以选择的。投资者既可以选择卖出股票并对获得利润部分缴纳资本利得税，也可以选择不卖出股票从而不缴税。由于存在资本税收，所以投资者在投资中需要将税收考虑在成本之内，追求税后收益的最大化。

投资者要为股票周转率支付更多的佣金

股票的换手并不能给投资者创造任何经济价值，它的贡献就是给股票的代理行业带来巨额的收益。如果投资者持有股票的时间能够持续多年，那么公司的收益必将远远超过股票交易佣金的数量。然而如果股票的周转率过高，并且将这个趋势一年一年地延续下去的话，社会中持有股票的好处将会被忽视，更多的资金将从生产领域中抽取出来并注入交易的领域，从而取代了将它们重新注入能够获得盈利领域的机会。为了支付1元的收入必须支付的交易成本将远远超过1元。

巴菲特曾说："一个成功的传教士不在于他的教堂中每周座位的上座率，而在于听他传教的人的持久性。我们的目标是使我们的股东合伙人从公司业绩中获利。要记住，人们常常忽视的致命危险，即是从总体上看投资者不可能产生超过公司收益的回报。"

从总体上来看，短期交易不仅影响着个人的投资业绩，同时还阻碍着整个经济的发展。原因很简单，因为那些本可以更好地用于提高生产力的货币被浪费在了频繁的交易及其所导致的交易成本上了，那是从财政领域里抽取货币并最终导致货币的错误配置。

1998年，加州大学戴维斯分校的财政学教授特伦斯·奥丁和布拉德·巴伯，进一步证明了频繁的交易将导致收益的降低。他们详细分析了到1996年12月为止6年内的7.8万项交易。有趣儿的是，奥丁和巴伯发现投资者们的平均收益率都达到了标准普尔 500 指数的增长速度。在 6 年之内，投资者的年收益率达到 17.7%，略超出了市场 17.1%的增长速度。然而扣除佣金之后，投资者的净收益率为 15.6%，比市场增长速度整整低了 1.5 个百分点。随着交易次数的增加，交易的年收益率还会进一步降低。

1999 年，苹果公司每天的平均换手率已经超过了 7 次，这样导致的结果就是，它的股份的持有时间低于 50 天。1999 年，苹果公司的股份交易超过 13 亿，但实际上该公司却只有 1.75 亿股份。苹果公司的股票交易，由个人及机构股东支付了 4.5 亿美元的佣金和交易差价，但实际上年净收益只有 3.85 亿美元。

2000 年初，大众软件公司股份的平均换手时间为 92 天。假设每股是 0.06 美元的佣金和 1/8 点的交易差价的情况下，那么综合交易成本就达到了每年 1.91 亿美元，但是实际上公司的年收益只有 6200 万美元。投资者为美国在线支付的总代理费用为 18 亿美元，实际上美国在线的年收益都没有超过 7 亿美元。

至 2000 年 2 月，雅虎公司的全部股份是以每年 10.8 次的转手速度在股市中交易的，这说明在市场中，该公司的股票是每 33 天就全部转手一次的。雅虎的 3.98 亿股份在一年中的交易次数相当于 43 亿的股份交易。如果假设投资者在买卖股票时需要支付 0.125 美元的差价及 0.06 美元的佣金，按这个来计算的话，43 亿股份交易的总交易成本就是 7.96 亿美元，即投资者必须要支付的交易差价和交易佣金。但事实上，雅虎公司一年的总收入还不超过 1.55 亿美元。这就意味着，投资者是在用 5 美元的交易成本来换取他们对公司 1 美元的收入。

到目前为止，除巴菲特以外，几乎没有任何投资者对股市上的高换手率表示过担忧。他说："我们的目标是使我们的股东合伙人从公司的业绩中获利。"股票价值在于公司的业绩而不是股票的换手率。无论每天的交易量是1000股还是1000万股，只要公司的收入有15%的年增长速度，公司的股票价格就注定会持续增长。

累进效应与复利效益的秘密

“时间创造金钱，金钱创造自由”，想要通过投资致富、争取获得财务自由的投资人，越早进行投资理财，就越能创造出高成长的风筝曲线。如果正确运用投资回报较高的投资工具，发挥出复利的最大效益，你就会拥有让自己都吃惊的收益。

要了解巴菲特，复利的累进概念是极其重要的。这个观念很容易理解，但是在投资理论中，由于种种原因，这个概念经常被轻描淡写。巴菲特认为，复利累进理论是至高无上的。

1962年，在巴菲特的合伙公司的年报中，他推算出了西班牙女王如果不支持哥伦布航海，而将3万美元以复利进行投资的话，结果会是多么令人惊讶！他写道：

根据不完全资料，我估算伊莎贝拉最初给哥伦布的财政支援大约为3万美元。这是确保合理地成功地利用探险资金所需的最低数量。如果不考虑发现新大陆所带来的精神上的成就感，需要指出的是……整个事件所带来的后果并不仅仅是另一个IBM。经粗略地估计，最初投资的3万美元以年4%的复利计算，到现在值2万亿美元。

巴菲特说：“复利有点儿像从山上滚雪球，开始时雪球很小，但是当往下滚的时间足够长，而且雪球粘得适当紧，最后雪球会变得很大很大。”

在长期投资中，没有任何因素比时间更具有影响力了。随着时间的延续，复利的力量将会发挥巨大的作用，为投资者实现巨额的税后收益。

复利这块儿神奇的石头能够把铅变成金子，金钱是会增值的，钱能生钱，钱能生更多的钱。

如果你新设一家公司，只发行100股，每股10美元，公司净资产1000美元。一年后，公司的利润是200美元，净资产收益率为20%。然后，将这些利润再投入公司，这时第一年年底公司的净资产为1200美元。第二年公司的净资产收益率仍为20%，这样到第二年年底，公司的净资产为1420美元。如此运作79年，那么1000美元的原始投资最终将变成1.8亿美元的净资产。

股神巴菲特也曾对10%与20%的复利收益率造成的巨大收益差别进行了分析："1000美元的投资，收益率为10%，45年后将增值到72800美元；而同样的1000美元，在收益率为20%时，经过同样的45年将增值到3675252美元。上述两个数字的差别让我感到非常惊奇，这么巨大的差别，足以激起任何一个人的好奇心。"请注意，自从巴菲特1965年开始管理伯克希尔公司至今（2006年），41年来伯克希尔公司的复利净资产收益率为22%，也就是说巴菲特把每1万美元都增值到了2593.85万美元。

第二章　巴菲特的集中投资策略

第一节　最高规则聚集于市场之中

让“市场先生”为你所用

在今天看来，“市场先生”的寓言已经过时了，但是目前市场上仍然有大多数职业选手和学术人士在谈论有效的市场、动态套期保值和估值。他们对这些事情相当感兴趣，是因为裹着神秘面纱的投资技巧显然对投资建议提供者有利。然而对于那些喜欢听取投资建议的投资者来说，市场秘籍的价值却是另外一回事。对一家企业进行良好的判断，将思想和行为同围绕在市场中的极易传染的情绪隔绝开来，就会让一个投资者成功。务必记住的准则是：“市场先生”是为你服务的，不要把他当成你的向导。

股市由几千万股民构成，在这场竞争格局中，自己账户之外的每一个人都是自己的对手。面对如此众多的对手，自己未免拔剑四顾心茫然，故必须对股市竞争格局的局面进行简化，把多方竞争格局简化为少数的几方。

股神沃伦·巴菲特曾经举过一个市场先生的例子：设想你在与一个叫“市场先生”的人进行股票交易，每天“市场先生”一定会提出一个他乐意购买你的股票或将他的股票卖给你的价格。“市场先生”的情绪很不稳定，因此，在有些日子“市场先生”很快活，只看到眼前美好的景象，这时他就会报出很高的价格。其他日子，“市场先生”却相当懊丧，只看到眼前的困难，报出的价格很低。另外“市场先生”还有一个可爱的特点，就是他不介意被人冷落，如果他所说的话被人忽略了，他明天还会回来同时提出他的新报价。“市场先生”对我们有用的是他口袋中的报价，而不是他的智慧。如果“市场先生”看起来不太正常，你就可以忽视他或者利用他这个弱点，但是如果你完全被他控制，后果将不堪设想。

虽然沃伦·巴菲特是以投资著称于世的，但他实际上是一个深谙股市博弈之道的人，他很清晰地阐述了按博弈观点考虑问题的思路。他的模型把股市竞争标局简化到了最简单的程度——一场他和“市场先生”两个人之间的博弈。局面非常简单，巴菲特要想赢，就要想办法让“市场先生”输。那么巴菲特是怎样令“市场先生”输掉的呢？他先摸透了“市场先生”的脾气，他知道“市场先生”的情绪不稳定，他会在情绪的左右下做出很多错误的事，这种错误是可以预期的，它必然会发生，因为这是由“市场先生”的性格所决定的。巴菲特在一边冷静地看着“市场先生”的表演，等着他犯错误，由于他知道“市场先生”一定会犯错误，所以他很有耐心地等待着，就像我们知道天气变好后飞机就会起飞，于是我们可以一边看书一边喝着咖啡在机场耐心地等待一样。所以，巴菲特战胜“市场先生”靠的是洞悉“市场先生”的性格弱点。所谓“市场先生”，就是除自己之外，所有股民的总和。巴菲特洞悉了“市场先生”的弱点，其实也就是洞悉了股民群体的弱点。

在巴菲特面前，“市场先生”就像个蹩脚的滑稽演员，徒劳地使出一个又一个噱头，却引不起观众的笑声，帽子举在空中不仅没有收到钱，反倒连帽子也被一块儿抢走了。但“市场先生”绝非蹩脚的演员，他的这些表演并非无的放矢，其实这正是他战胜对手的手段。“市场先生”战胜对手的办法是感染。因为巴菲特过于冷静，所以“市场先生”的表演在他面前无效，反倒在表演过程中把弱点暴露给他。但对别的股民来说，“市场先生”的这一手是非常厉害的，多数人都会不自觉地受到它的感染而变得比“市场先生”更情绪化。这样一来，主动权就跑到了“市场先生”手里，输家就不再是“市场先生”了。这就是“市场先生”的策略。

“市场先生”的策略是有一定冒险性的，因为要想感染别人，自己首先必须被感染，要想让别人疯狂起来，自己首先必须疯狂起来，这是一切感染力的作用规律，所以“市场先生”的表现必然是情绪化的。那些受到感染而情绪化操作的人就被“市场先生”战胜了。反之，如果不被他感染，则他为了感染你而做的一切努力都是一些愚蠢行为，正可以被你利用。打一个比喻：“市场先生”之于投资人正如魔鬼之考验修行人一样，被它所动则败，任它千般变化不为所动则它能奈我何。

“市场先生”的弱点是很明显的，每个人都可以很容易地利用这一点来战胜他。但另一方面，“市场先生”正是市场中所有股民行为的平均值，他性格不稳定是因为市场中很多股民的行为更为情绪化、更为不稳定。“市场先生”会不厌其烦地使出各种手段，直至找到足够多的牺牲者为止，所以大多数人都将成为“市场先生”的牺牲者，能战胜“市场先生”的永远只有少数人。只有那些极为冷静，在“市场先生”的反复诱骗下不为所动的人，才能利用“市场先生”的弱点战胜他。那些不幸受到“市场先生”的感染而情绪更不稳定的人，就会反过来被“市场先生”所战胜。所以，股民战胜“市场先生”的本钱是理智和冷静，“市场先生”战胜股民的本钱是人们内心深处的非理性。“市场先生”的策略是设法诱导出这种非理性，诱导的办法就是用自己的情绪感染别人的情绪，用自己的非理性行为诱导出别人更大的非理性行为。如不成功就反复诱导，直到有足够多的人着道为止。

以上讨论对指导操作是很有启发意义的。首先，“市场先生”要想让你发疯，自己必须先发疯。由于“市场先生”想战胜你，所以他必然会先发疯，否则他就无法战胜你。所以“市场先生”的发疯是可以预期的，耐心地等待，必然可以等到。只要能保持冷静，不跟着他发疯，就必然可以战胜他。

其次，和“市场先生”交易重要的不是看他所出的价格，而是要注意他的情绪，看着他的情绪进行买卖。当“市场先生”的情绪不好时就买入，当“市场先生”的情绪好时就卖给他，而不用管“市场先生”的报价到底是多少。考虑“市场先生”报价的意义也仅仅是为了通过价钱从另一个角度来观察“市场先生”的情绪，当他报价过低时说明他的情绪不好，当他报价过高时说明他处于乐观状态。如果能有一把客观的尺度来判断“市场先生”的报价是否过低或过高，则这种方法就可以使用，否则如果没有这种客观尺度，那么看“市场先生”的报价是没有意义的，不能从中引申出对“市场先生”的情绪的判断。巴菲特的方法是掌握了一套判断股票价值的方法，从而有了一个客观的尺度来判断“市场先生”的报价是否过高或过低。股票技术分析方法则是直接通过交易情况来判断“市场先生”的情绪。不管是用基本面分析还是用技术分析，正确地判断“市场先生”的情绪的前提都是自己必须保持冷静。

按这种思路，巴菲特赢了“市场先生”，赢的依据在于“市场先生”的情绪不稳定，而巴菲特掌握了判断“市场先生”的情绪的方法，赢得明明白白。

反其道而行，战胜市场

反向操作并不是单纯的机械式的逆势而为，为反对而反对比盲目跟风的风险更大。股票市场对于公司股价判断正确与否的概率几乎是一样的，因此投资人唯一能与市场大众反向操作的状况应为：股票市场对于事件的心理反应似乎已到了疯狂的极致；对于公司财务资料的分析大家都错了。尤其需要注意的是，当缺乏足够的论据支持自己的反向操作观点时，千万不要与市场对立。

1988年巴菲特在致股东的信里说："当看到1988年很丰硕的套利成果后，你可能会认为我们应该继续努力以获得更丰厚的回报，但实际上我们采取的态度就是继续观望。

"然而，我们决定在长期期权方面上的投资要大幅提高的理由是：目前的现金水位已经下降，如果你经常读我们的年报，那么我们的决定并不是基于短期股市的表现，我们更注重的是对个别企业的长期的经济展望，我们从来没有并且以后也不会对短期股市、利率或企业活动做任何评论。"

巴菲特认为，反其道而行，即反向投资策略，是我们回避市场风险，保证投资获利的关键。

所谓反向投资策略，就是当大多数人不投资时，投资；当大多数人都急于投资时，卖出。反向策略的观念非常简单，只要能做到"人弃我取，人舍我予"就好了。但要实践反向策略，必须克服人性的弱点，要能做到不从众，能够独立判断，忍耐寂寞，才能制胜。大部分投资人都是在周遭亲友一致认同的情况下，才开始投资；而炒股高手正好相反，在知道大部分亲友都担心恐惧时，才开始考虑投资。反向策略者相信当大众对未来的看法趋于一致时，大部分时候是错的，同时反转的力量会很大。

反向投资策略为何如此有效？理由很简单，如果市场中大多数的人都看好价格会继续上涨，此时进场投资的人及资金早已因为一致看好而大量买进，所以价格通常因大量买超而产生超涨的景象。又由于该进场的人与资金都已经在市场内了，于是市场外能推动价格上涨的资金所剩无几，且市场中的每个人皆准备伺机卖出，导致整个证券市场的潜在供给大于需求，因此只要有任何不利的因素出现，价格就会急速下跌。反之，如果市场中大多数人都认为价格会继续下跌，此时该卖的人早已因为一致看坏而大量卖出，所以价格通常因大量卖超而产生超跌现象。又由于该卖的人都已经不在市场内了，于是市场内想卖出的浮动筹码已少之又少，所以卖压很少，且市场外的每个人皆准备逢低买进，导致整个证券市场潜在的需求大于供给，因此只要有任何有利的因素出现，价格就会急速上涨。

那么我们该如何衡量大多数人的判断思维呢？一般说来，如果股市处于上升的高速阶段，此时几乎每个人的股票账户上都赚得盆满钵溢，大多数股民都会兴高采烈，忘乎所以。此时的媒体、股评人更加激动，大肆渲染多头市场的发展趋势，为股民描绘一个又一个创新高的点位。外场的资金也经不起诱惑而积极加入炒股大军，大有全民炒股的态势。这时就可以判断大多数人的思维处于什么态势。如果用反向投资策略，此时更要做到“众人皆醉我独醒，众人皆炒我走人”。如果股市处于下跌的高速阶段，此时几乎每个人的股票账户上昨天还是赚得盆满钵溢，转瞬之间就烟消云散，严重套牢了，大多数股民垂头丧气，万念俱灰。此时的媒体、股评人更加悲观，大肆渲染空头市场可怕的发展趋势，为股民描绘一个又一个创新低的点位。证券营业部门口的自行车也明显减少。入场的资金和盈利的资金纷纷撤离，大有全民空仓的态势。这时就可以判断大多数人的思维处于什么态势。如果运用反向投资策略，此时就要做到“众人皆醉我独醒，众人皆空我做多”。

例如，1996 年 10 月到 12 月初，1997 年 2 月到 5 月，沪深股市开始猛涨，当时几乎每个人的股票账户上都赚得盆满钵溢，有人甚至提出“不怕套，套不怕，怕不套”的多头口号。管理层当时接连发了十几个利空政策，但是大多数股民不听，结果后来套得很惨。2001 年 6 月 14 日，沪指创新高 2245 点后，媒体、股评人更加激动，大肆渲染多头市场的发展趋势，为股民描绘一个又一个创新高的点位，2500 点，3000 点……大多数股民处于多头思维中。这时如果用反向投资策略，就要“众人皆炒我走人”，不玩儿了。

又如：2001 年 7 月后，股市处于下跌的高速阶段，此时严重套牢的大多数股民垂头丧气，万念俱灰。而媒体、股评人更加悲观，大肆渲染空头市场可怕的创新低的点位，有人甚至提出沪指要跌到 800 点、400 点。资金纷纷撤离观望。这时就可以判断大多数人的思维处于空头悲观态势。如果用反向投资策略指导行动，就应在适当时机入市，完全可以在 2001 年 10 月、2002 年 6 月和 2006 年打一个漂亮的反弹仗和反转仗。

正确掌握市场的价值规律

短期内的股价波动对价值投资者来说毫无意义，因为价值规律告诉我们，价格总有一天是会向其价值回归的。这种价值回归具有相对滞后性，正便于投资者从容决策。

巴菲特说：“最近 10 年来，实在很难找得到能够同时符合我们关于价格与价值比较的标准的权益投资目标。尽管我们发现什么事都不做，才是最困难的一件事，但我们还是尽量避免降格以求。”

巴菲特认为，“市场先生”在报出股票交易价格时，最终是遵循价值规律的。道理很简单：价值规律是商品经济的基本规律，而股市是商品经济的产物，所以理所当然要遵循价值规律。

价值规律的基本原理是：商品的价值是由生产商品的社会必要劳动时间决定的，商品交换要根据商品的价值量来进行。

价值规律的表现形式是：在商品交换的过程中，受供求关系影响，价格围绕价值上下波动。从短期看，价格经常背离价值；从长期看，价格一定会向价值回归。

当 1929 年美国股市面临市场崩盘的威胁时，美国国会特地请来了一些专家召开意见听证会。巴菲特的老师格雷厄姆作为当时华尔街上最著名的投资大师，也参加了这次听证会。

会上，美国参议院银行业的委员会主席问格雷厄姆，假如存在这样一种情形：你发现某种商品的价值达 30 美元，而现在你只要用 10 美元就能买得到；并且又假如你已经买下了一些这样的商品，那么显而易见，这种商品的价值只有当得到别人认可时，也就是说，只有当有人愿意以 30 美元的价格从你的手里买回去时，你才能实现其中的利润。把这个例子用在股票上，你有什么办法能够使一种廉价的股票最终发现自己的价值呢？

格雷厄姆回答说："这个问题正是我们这个行业的神秘之处。但经验告诉我们，市场最终会使股价达到它的价值。也就是说，目前这只价格很低的股票，将来总有一天会实现它的价值。"

格雷厄姆认为，影响股票价格有两个最重要的因素：一是企业的内在价值，二是市场投机。正是这两者交互作用，才使得股价围绕着企业的内在价值上下波动。也就是说，价值因素只能在一定程度上影响股票价格，股票价格偏离内在价值的事情是经常发生的，也是丝毫不奇怪的。

读者是否还记得，1969 年巴菲特认为当时的美国股市已经处于高度投机状态，真正的市场价值分析原理在投资分析和决策中所起的作用越来越小，于是解散了合伙企业巴菲特有限公司，并且对公司资产进行了彻底清算，对公司持有的伯克希尔股票按投资比例进行了分配。

遵照格雷厄姆的教诲，巴菲特和他的合作伙伴芒格，把衡量伯克希尔公司可流通股票价值大小的标准，确定为在一个相当长的时期内的股票价格表现，而不是看每天甚至每年的股票价格变化。

因为他们相信，股市可能会在一段时期内忽视企业的成功，但最终一定会用股价来反映这种成功。只要公司的内在价值以令人满意的速度增长，那么，公司的成功究竟在什么时候被市场普遍认可，就不是一件非常重要的事了。

相反，这种市场共识相对滞后，对投资者来说很可能是一件好事——它会带来许多好机会，让你以很便宜的价格买到更多的好股票。

不要顾虑经济形势和股价跌涨

巴菲特说，在通常的投资咨询会上，经济学家们会做出对宏观经济的描述，然后以此为基础展开咨询活动。在他看来，那样做是毫无道理的。并且，假设艾伦·格林斯潘和罗伯特·鲁宾两位重量级人物，一个在他左边，一个在他右边，悄悄告诉他未来12个月他们的每一步举措，他也是无动于衷的，而且也不会影响到他购买公务飞机公司或者通用再保险公司的股票，或者他做的任何事情。

与大多数投资者不同的是，巴菲特从不浪费时间和精力去分析经济形势，也从不担心股票价格的涨跌。他告诫投资者："不要浪费你的时间和精力去分析什么经济形势，去看每日股票的涨跌，你花得时间越多，你就越容易陷入思维的混乱并难以自拔。"

在佛罗里达大学演讲时，就有学生要求巴菲特谈谈目前的经济形势和利率以及将来的走向，巴菲特直截了当地回答："我不关心宏观的经济形势。"巴菲特认为：在投资领域，你最希望做到的应该是搞清楚那些重要的，并且是可以搞懂的东西。对那些既不重要，又难以搞懂的东西，你忘了它们就对了。你所讲的，可能是重要的，但是难以拎清。

巴菲特认为人们无须徒劳无功地花费时间担心股票市场的价格，同样的，他们也无须担心经济形势。如果你发现自己正在讨论或思考经济是否稳定地增长，或是否正走向萧条，利率是否会上扬或下跌，是否有通货膨胀或通货紧缩，慢点儿！让你自己喘一口气。巴菲特原本就认为经济有通货膨胀的倾向，除此之外，他并不浪费时间或精力去分析经济形势。

一般说来，投资人都习惯于以一个经济上的假设作为起点，然后在这完美的设计里巧妙地选择股票来配合它。巴菲特认为这个想法是愚蠢的。首先，没有人能够真正具备准确预测经济形势和股票市场的能力。其次，如果投资者选择的股票会在某一特定的经济环境里获益，投资者就不可避免地会面临变动与投机。不管投资者是否能正确预知经济形势，其投资组合都将视下一波经济景气如何而决定其报酬。

巴菲特比较喜欢购买那种在任何经济形势中都有机会获益的企业股票。当然，整个经济力量可以影响毛利率，但就整体而言，不管经济是否景气，巴菲特的股票都会得到不错的收益。选择并拥有有能力在任何经济环境中获利的企业，时间将被更聪明地运用；而不定期地短期持有股票，只有在正确预测经济景气时，才会获利。

一般来说，经济形势和股票市场的形势不一定同步，有时候甚至是反向的。有时候经济形势很好，而市场却很萧条；而经济依然萧条的时候，股票市场却走出了一波好行情。比如，大萧条时期，1932 年 7 月 8 日道琼斯指数跌至历史的最低点 41 点，直到弗兰克林·罗斯福在 1933 年 3 月上任前，经济状况依然持续恶化，不过当时股市却涨了 30%。再回到第二次世界大战的初期，美军在欧洲和太平洋战场的情况很糟，1942 年 4 月股市再次跌至谷底，这时离盟军扭转战局还很远。再比如，20 世纪 80 年代初，通货膨胀加剧、经济急速下滑，但却是购买股票的最佳时机。

巴菲特提醒投资者在投资时要谨慎，不能轻率地进行投资，不能只做股市中的投票机。

拿可口可乐与吉列公司的股票为例，从 1991 年到 1993 年，可口可乐与吉列每股的获利的增加幅度分别为 38%和 37%，但是对比当时同期的股票市价却只有 11%和 6%。也就是说，巴菲特选择的这两家股票的价值已经超越了当期股票市场的表现。当时，华尔街对可口可乐品牌有很深的疑虑，他们都对这两只股票存在怀疑的态度。但是等到数年以后，情况发生了逆转，可口可乐和吉列的股价发生了报复性的暴涨，并且远远超过了每股盈余的增长。

这个案例就是投资市场上所谓的“投票机”和“体重计”的写照。正如不同的投资者有不同的风险承受能力一样，这关键并不在于追求最高的投资报酬率，而是发现最适合自己的投资品种。从短期来看股市是一个投票机，但是，从长期来看，股市确实是一个称重机。无论你投资哪类品种，都不能仅仅依靠市场上的“时尚风向标”“人气指数”，还需要进行“量体裁衣”，打造有把握的投资目标。

在巴菲特的办公室里，并没有股票行情终端机之类的东西，但他的投资业绩并没有因此而失色。巴菲特表示，如果投资者打算拥有一家杰出的企业的股份并长期持有，但又去注意每一日股市的变动，是不合逻辑的。最后投资者将会惊讶地发现，不去持续注意市场的变化，自己的投资组合反而变得更有价值。

市场与预测是两码事，市场是在变化的，而预测是固定不变的，预测的固定不变只会给分析市场的人以错觉感。所以，下次当你被诱惑相信你已最终找到一种可实现利润而且可以被重复使用的格局时，当你被市场的不可预测性惊得目瞪口呆时，记住巴菲特说的话：“面对两种不愉快的事实吧：未来是永不明朗的；而且在股市上要达到令人愉快的共识，代价是巨大的。不确定性是长期价值购买者的朋友。”

有效利用市场无效，战胜市场

巴菲特说：“如果股票市场总是有效的，我只能沿街乞讨。”所以我们无须理会股票的涨跌，对待股票价格波动的正确态度，是所有成功的股票投资者的试金石。我们要做的只是两门功课，一门是如何评估企业的价值，另一门是如何思考市场价格。其他的信息就不是我们所要关心的。

巴菲特在1988年致股东的信里写道：“在过去的63年里，大盘整体的投资报酬大概只有10%。这指的就是最初投入1000美元，63年后就可以获得405000美元；但是如果能够得到的投资报酬率为20%（这个回报率是伯克希尔以及巴菲特的老师格雷厄姆的公司的长期投资业绩），现在就能变成970000美元。

不管它们已经对多少学生产生了误导，市场效率理论还是继续在各大企业管理名校中被列为投资课程的重要理论之一。

当然，那些已经被骗的投资专家在接受市场无效率理论后，对于我们以及其他格雷厄姆的追随者实在有很大的帮助。因为不管在哪项竞赛中，不管是投资、心智还是在体能方面，要是遇到对手被告知思考和尝试都是徒劳的，对于我们来说，都是占尽了优势。”

按照无效市场理论，除非靠机遇，否则几乎没有任何个人或团体能取得超出市场的业绩，任何人或团体更不可能持续保持这种超出寻常的业绩。然而股神巴菲特，麦哲伦基金经理人彼得·林奇，价值投资之父格雷厄姆等投资大师以他们的骄人业绩证明了超出市场业绩是可能的，这对于有效市场理论无异于当头棒击。有效市场理论受到了重大挑战，大量实证研究表明股票市场并不像有效市场理论声称的那样总是能够形成均衡预期收益，实际上市场经常是无效的。

关于市场的无效，还有这样一则小故事：两位信奉有效市场理论的经济学教授在芝加哥大学散步，忽然看到前方有一张像是10美元的钞票，其中一位教授正打算去拾取，另一位拦住他说：“别费劲儿了，如果它真的是10美元，早就被人捡走了，怎么会还在那里呢?”就在他俩争论时，一位叫花子冲过来捡起钞票，跑到旁边的麦当劳买了一个大汉堡和一大杯可口可乐，边吃边看着两位还在争论的教授。

对市场是有效的还是无效的理解，直接影响到你的投资策略。如果你相信市场有效，那你就认为，股票的价格总是反映了所有相关的信息，你的操作手法就是追涨杀跌，所以你无须了解公司的基本面，因为基本面反映在股价上，你只要进行技术分析就可以了。

如果你认为市场是无效的，那你就可以不理会大盘的涨跌，抛开技术分析，只要公司的价值和股票的价格相一致，就是你极佳的买入点，然而，决定买进卖出的不是股票价格的波动，而是公司经营业绩的好坏。

事实表明有效市场理论存在很大的缺陷，因为有几点原因：一是投资者不可能总是理智的。按照有效市场理论，投资者使用所有可得信息在市场上定出理智的价位。然而大量行为心理学的研究表明投资者并不拥有理智期望值。二是投资者对信息的分析不正确。他们总是依赖捷径来决定股价，而不是依赖最基本的体现公司内在价值的方法。三是业绩衡量杠杆强调短期业绩，这使得从长远角度击败市场的可能性不复存在。

正是由于以上原因，巴菲特、费舍、林奇这些投资大师以自己多年的投资经验告诫我们，要走出有效市场理论的误区，正确认识市场的无效性，回归价值投资策略。只有这样，才能规避市场风险，长期持续战胜市场。

如何从通货膨胀中获利

投资者应该清楚的是，对于具有长期发展规律的商业企业来说，有形资产越小，无形资产越大，越是能够抗拒这种通货膨胀的状况。

巴菲特善于选择那些可以用较小的净有形资产却能创造较高获利的公司，正因为具备这样的优势，即使受到通货膨胀的影响，市场上仍允许时思公司拥有较高的本益比。通货膨胀虽然会给许多企业带来伤害，但是那些具备消费独占性的公司却不会受到损害，相反，还能从中受益。

1983年巴菲特在致股东的信里写道：“多年以来，传统积累的经验告诉我们，我们拥有的资源和设备厂房等有形资产的企业对于抵抗通货膨胀来说是比较有优势的，但事实上却并非如此，拥有丰富资产的企业往往没有很高的报酬率，有时甚至低到因通货膨胀引起的需要增加的额外的投资都不够，更不用说，把企业的继续成长和分配盈余分给股东或是其他购并新企业了。”

“但是，对于部分拥有无形资产多于有形资产的企业来说，通货膨胀一旦发生，便会积累出让人吃惊的财富。对于这类公司来说，商誉的获利能力大大地增加了，然后再动用盈余进行大举购并。从通讯行业来看，这种现象是很明显的。这样的企业并不需要投入过多的有形资产，企业可以一直处于成长的状态。在通货膨胀来临的年代，商誉就像是天上掉下来的大礼物一样。”

巴菲特讲的这段话是对“商誉”的辅助性的解读，同时他的企业帝国也是在他的这种思想下进行收购进来的，这也是他私房薪水的来源。

1972年，巴菲特买下了一家普通的糖果公司时思，当时该公司仅依靠着800万美元的净资产就能每年获得200万美元的盈余。但是如果假设另外一家普通的公司，同样每年能够赚得200万美元的利润的话，这就必须需要靠1800万美元的净资产来创造出这个数字。然而，这家公司的净资产报酬率却只有11％。

如果这样的公司要出售的话，最大的可能就是以价值1800万美元的净资产的价值将该公司卖掉，但是巴菲特做出的决定却是支付2500万美元去买下具有同样获利能力的时思。他这样做的原因是什么呢？难道他不会亏损吗？

巴菲特是将通货膨胀的因素考虑进去了，设想一下，如果物价暴涨一倍的话，如果这两家企业都要在通货膨胀的情况下赚到 400 万美元以维持原来的获利能力的话，这也许并不是困难的事，只要在维持现有销售数量的情况下，将价格提高一倍，只要毛利率维持不变，那么获利能力自然会增加。所以现在大家应该知道巴菲特为什么选择时思了吧？因为时思的净资产价值只有区区 800 万美元，所以只要再投入 800 万美元就可以应对通货膨胀了，而对于其他一般的企业而言，需要的投入则可能必须超过两倍，也就是需要差不多 1800 万美元的资金才可以达到。

第二节　被华尔街忽视但最有效的集中投资

精心选股，集中投资

怎样才能做到集中投资？问题的关键是投资者要把购买该股票当作是全部收购该企业一样来看待。功夫要花在对该公司的考察以及内在价值的评估上，而不是频繁进出。

1984 年巴菲特在给股东的信中说："以我们的财务实力，我们可以买下少数一大笔我们想要买的并且价格合理的股票。比尔·罗斯形容过度分散投资的麻烦：如果你拥有 40 位妻妾，你一定没有办法对每一个女人都认识透彻。从长期来看，我们集中持股的策略最终会显示出它的优势，虽然多少会受到规模太大的拖累，就算在某一年度表现得特别糟，至少还能够庆幸我们投入的资金比大家要多。"

他认为多元化是针对无知的一种保护。它不仅不会降低你的投资风险，反而会分摊你的投资利润，集中投资反而可以帮助我们集中收益。

当然，集中投资的前提是精心选股。一般说来，应集中投资于下述三种股票：

1. 集中投资于最优秀的公司

“作为投资者，我们都想投资于那些业务清晰易懂、业绩持续优异、由能力非凡并且为股东着想的管理层来经营的优秀公司。这种目标公司并不能充分保证我们投资盈利：我们不仅要在合理的价格上买入，而且我们买入的公司的未来业绩还要与我们的估计相符。但是，这种投资方法——寻找超级明星——给我们提供了走向真正成功的唯一机会。”

“如果你是一位学有专长的投资者，能够了解企业的经济状况，并能够发现5～10家具有长期竞争优势的价格合理的公司，那么传统的分散投资对你来说就毫无意义，那样做反而会损害你的投资成果并增加投资风险。我们不明白的是，为什么那些分散投资的信奉者会选择一些在他喜欢的公司中名列前20位的公司来进行投资，而不是很简单地只投资于他最喜欢的公司——他最了解、风险最小并且利润潜力最大的公司。”

“其实作为投资者，我们的收益来自于一群由企业经理人组成的超级团队的努力，他们管理的公司虽然经营着十分普通的业务，但是却取得了非同寻常的业绩，我们集中投资所要寻求的就是这类优秀的公司。”

2. 集中投资于你熟悉的公司

投资者为了真正规避风险，在投资时必须遵循一个能力圈原则。你并不需要成为一个通晓每一家或者许多家公司的专家，你只需要能够评估在你能力圈范围之内的几家公司就足够了。能力圈的大小并不重要，重要的是你要很清楚自己能力圈的边界。

作为一名投资者，你的目标应当仅仅是以理性的价格买入你很容易就能够了解其业务的一家公司的部分股权，而且你可以确定在从现在开始的5年、10年、20年内，这家公司的收益实际上肯定可以大幅度增长。在相当长的时间里，你会发现仅仅有几家公司符合这些标准，所以，一旦你看到一家符合以上标准的公司，你就应当买进相当数量的股票。

我们的策略是集中投资。我们应尽量避免当我们只是对企业或其股价略有兴趣时，这种股票买一点儿、那种股票买一点儿的分散投资做法。当我们确信这家公司的股票具有投资吸引力时，我们同时也相信这支股票值得大规模投资。

“只有很少的公司是我们非常确信值得长期投资的。因此，当我们找到这样的公司时，我们就应该持有相当大的份额，集中投资。”

“当我们认为我们已经认真研究而且可以在有吸引力的价位上买入时，以我们的财务实力，我们能够在这少数几只股票上大规模投资。长期来说，我们集中持股的政策肯定会产生卓越的投资回报，尽管多少会受到伯克希尔公司规模太大的拖累。”

3. 集中投资于风险最小的公司

巴菲特之所以采用集中投资策略，是因为集中投资于投资者非常了解的优秀企业股票，投资风险远远小于分散投资于许多投资者根本不太了解的企业股票。

“在股票投资中，我们期望每一笔投资都能够有理想的回报，因此我们将资金集中投资在少数几家财务稳健、具有强大竞争优势，并由能力非凡、诚实可信的经理人所管理的公司股票上。如果我们以合理的价格买进这类公司，投资损失发生的概率通常非常小，在我们管理伯克希尔公司股票投资的38年间（扣除通用再保与政府雇员保险公司的投资），股票投资获利与投资亏损的比例大约为100∶1。”

集中投资，快而准

在某种程度上，集中投资是对投资不确定性的一种回避，使投资尽量具有确定性后再投资，这在客观上存在一定难度。集中投资具有将更大比例甚至全部比例的资金筹码投资于高概率的收益品种上的特点。在集中投资前，精密仔细的分析研究和把握是必需的。在投资的过程中，个人投资者需要做到富有耐心、客观、仔细地分析以应对股市不可预测的风险。

巴菲特认为既然集中投资是市场赋予个人投资者的一个优势，那么个人投资者更应该利用这个优势。事实上，集中投资这种方法尽管是一种快而准的投资方式，但长期被市场投资者所忽略。我们身边的不少个人投资者，10 万元资金拥有 5 只以上股票的人不在少数，而这些人绝大部分是赔钱的。其实在现在的市场规模和流动性中，就算是 1000 万的资金拥有一只股票也未尝不可，作为个人投资者更多要做的是投资背后的功夫。

美国投资大师林奇在《战胜华尔街》中就表达过类似的观点："在众多的股票中找到几个十年不遇的大赢家才是你真正需要做的。如果你有 10 只股票，其中 3 只是大赢家，一两只赔钱，余下 6～7 只表现一般，你就能赚大钱。如果你能找到几个翻 3 倍的赢家，你就不会缺钱花，不管你同时选了多少赔钱的股票。如果你懂得如何了解公司的发展状况，你就会把更多的钱投入到成功的公司中去。你也不需要经常把钱翻 3 倍，只需一生中抓住几次翻 3 倍的机会，就会建立相当可观的财富。假若你开始投资时用 1 万美元，然后有 5 次机会翻 3 倍，你就可以得到 240 万美元；如果有 10 次翻 3 倍的机会，你的钱就变成了 5.9 亿美元。"

巴菲特说："不要把鸡蛋放在一个篮子里，这种做法是错误的，投资应该像马克·吐温那样，把所有鸡蛋放在同一个篮子里，然后小心地看好这个篮子。我们的投资集中在少数几家杰出的公司上。我们是集中投资者。”选股不在多，而在于精。我们常说“精选”，就意味着少选，精在于少，而不在于多。巴菲特告诉我们，选择越少，反而越好。

巴菲特认为，我们在选股时态度要非常慎重，标准要非常严格，把选择的数量限制在少数股票上，这样反而更容易做出正确的投资决策，更容易取得较好的投资业绩。1977～2004 年这 27 年间，巴菲特研究分析了美国上市的 1 万多只股票，却只选了 22 只，1 年多才选 1 只，而其中重仓股只有 7 只，4 年左右才选出一只重仓股。巴菲特按照严格标准选出这 7 只股票，做出投资决策反而很容易，其中包括可口可乐、吉列、《华盛顿邮报》，这些都是我们非常熟悉、众所周知的好公司。

在巴菲特的股票投资中，他选的 7 只超级明星股，只投资了 40 多亿美元，就赚了 280 多亿美元，占了他股票投资总盈利的 9 成左右。可见，1 只优质股胜过 100 只甚至 1000 只垃圾股。

巴菲特说：“对于每一笔投资，你都应该有勇气和信心将你净资产的 10%以上投入此股。”可见，巴菲特认为同时持有 10 只股票就够了。巴菲特的投资业绩远远超过市场的平均水平也正得益于此。事实上，很多年份巴菲特重仓持有的股票不到 10 只。他集中投资的股票数目平均只有 8.4 只左右，而这几只股票的市值占整个投资组合的比重平均为 91.54%。

对于中小股民来说，集中投资是一种快而准的投资方式。因为个人投资相对于机构投资者在集中投资上更有优势。机构投资者即便再集中，政策确定、回避风险和其他基金的竞争不可能使其资金过分地集中在几只股票上，个人的特征也决定了进行集中投资是快而准的。

集中投资，关注长期收益率

持续的“一夜情”，注定只能产生两个结果，患上艾滋病或者严重的心理疾病，绝没有人靠它能获得长久的幸福。投资也是一样，假如你一年要买卖股票几十次，除非你比巴菲特和凯恩斯都聪明。投资者最忌讳的是游击战术，打一枪换一个地方的投资者，只能算是投机者。事实上，没有几个投机者能不败下阵来。为了不在股市血本无归，我们需要进行集中投资。

巴菲特说：“我们宁愿要波浪起伏的15%的回报率，也不要四平八稳的12%的回报率。”

上面虽然只是巴菲特简短的一句话，但是实际上他强调的就是集中投资的重要性，采用集中的持续竞争优势价值策略就有了一定的竞争优势。既然集中投资既能降低风险，又能提高回报，那么短期的业绩波动大些又何妨？国外许多价值投资大师都以他们出众的投资业绩以及大量实证证明了集中投资可以取得较高的长期收益率。

以凯恩斯管理的切斯特基金为例来说，在1928～1945年的18年间，年平均投资回报率以标准差计算的波动率为29.2%，相当于英国股市波动率12.4%的2.8倍，但其18年中年平均回报率为13.2%，而英国股市年平均回报率只有0.5%。

又如，查理·芒格管理其合伙公司时，将投资仅集中于少数几只证券上，其投资波动率非常巨大。在1962～1975年的14年间，年平均投资回报率以标准差计算的波动率为33%，接近于同期道琼斯工业平均指数波动率18.5%的2倍。其14年间的平均回报率相当于道琼斯工业平均指数平均回报率6.4%的4倍，达到24.3%。

再如，比尔·罗纳管理的红杉基金采用高度集中的投资策略，每年平均拥有6～10家公司的股票，这些股票约占总投资的90%以上，其投资波动率非常巨大。在1972～1997年的26年间，年平均投资回报率以标准差计算的波动率为20.6%，高于同期标准普尔500指数波动率16.4%的4个百分点。但其14年的年平均回报率为19.6%，超过标准普尔500指数年平均回报率14.5%。1987～1996年，巴菲特管理的伯克希尔公司的主要股票的投资平均年收益率为29.4%，比同期标准普尔500指数平均年收益率18.9%高出5.5%。

如果巴菲特没有将大部分资金集中在可口可乐等几只股票上，而是将资金平均分配在每只股票上，那么同等加权平均收益率将为27%，比集中投资29.4%的收益率要降低2.4%，其相对于标准普尔500指数的优势减少了近44%。如果巴菲特不进行集中投资，而采用流行的分散投资策略，持有包括50种股票在内的多元化股票组合，那么即便假设伯克希尔公司持有的每种股票占2%权重，其分散投资的加权收益率也仅有20.1%。

还有，股神巴菲特管理的伯克希尔公司在过去的41年（至2006年）来，也就是巴菲特从1965年接手之后，伯克希尔公司每股净值由当初的19美元增长到现在的50498美元。二战后，美国主要股票的年均收益率在10%左右，巴菲特却达到了22.2%的水平。由于伯克希尔公司以上收益中同时包括了股票投资、债券投资和企业购并等，所以并不能直接反映巴菲特股票投资的真实的收益水平。

准确评估风险，发挥集中投资的威力

采取集中投资战略是防止我们陷入传统的分散投资教条。许多人可能会因此说这种策略一定比组合投资战略的风险大。这个观点并不是十分正确的。投资者应该相信，这种集中投资策略使投资者在买入股票前既要进一步提高考察公司经营状况时的审慎程度，又要提高对公司经济特征满意程度的要求标准，因而更可能降低投资风险。在阐明这种观点时，我们可以将风险定义为损失或损害的可能性。

巴菲特在 1996 年伯克希尔公司的年报中讲："我们坚信，计算机模型预测的精确性也不过是臆断和毫无根据的猜测。事实上，这种模型很有可能会诱使决策者做出完全错误的决定。在保险和投资领域，我们曾经目睹过很多类似原因造成的灾难性结果。所谓的'组合保险'在 1987 年市场崩溃期间带来的破坏性结果，让一些笃信计算机预测的人们大跌眼镜，到那时，他们才真正意识到，真应该把这些计算机扔到窗外。"

巴菲特认为确定风险不是通过价格波动，而是通过公司的价值变动。所谓风险是指价值损失的可能性而不是价格的相对波动性。集中投资于被市场低估的优秀公司比分散投资于一般公司更能够降低真正的投资风险。

据《中国证券报》报道，2006 年 12 月，深圳万科的有限公司的股份可以在二级市场上进行交易，这个消息对于万科最大的个人股东王先生来说是一个里程碑式的好消息。他所持有的万科公司的股票可以上市流通了。

其实，王先生当初持有万科股票，是基于对公司管理层的信任，1988 年 12 月末，万科正式向社会发行股票，由于一家外商的临时变卦，在紧急时刻王先生投资 400 万元认购了 360 万股。在公司发展的快速扩张时期，他也积极参与项目的判断并给出了自己的建议。

基于对万科公司的了解和信任，王先生开始集中投资于万科公司的资料显示，1988 年持有万科股票 360 万股，1992 年王先生持有万科股票 370.76 万股，以后通过送股和配股以及二级市场的增持，1993 年拥有 503.29 万股，1995 年的股数为 767 万股，2004 年为 3767.94 万股，2006 年为 5827.63 万股。前后 18 年，王先生总共用 400 万元集中持有了万科的 5827.63 万股非流通股，这些股的回报率达到了 176 倍。2007 年 3 月，回报率更是达到了 300 倍左右。

可以说，深圳万科的个人投资者王先生通过集中长期持有万科公司的股票获得了巨大的收益。由此看来，集中投资虽不能让我们在短期内获得暴利。但是从长期来看，其所带来的总回报率是远远超过市场的平均水平的。所以，集中投资需要我们有长远的眼光，关注长期的收益率，而不要过分迷恋短期的收益。

在赢的概率最高时下大赌注

不是每个投资者都可以准确地计算出自己的概率，也并不是让每个投资者都努力成为桥牌高手。虽然巴菲特借助打桥牌来计算成功的概率并不适合每个人，但是我们可以从中学习他的这种思维模式，时刻保持对股市全局的审视。先判断什么是理性的事情，然后再权衡输与赢的比率。

巴菲特说："集中投资要求我们集中资本投资于少数优秀的股票。在应用中最关键的环节是估计赢的概率及决策集中投资的比例，其秘诀就是在赢的概率最高时下大赌注。"

巴菲特所谓的赢的概率，其实是对所投资的企业价值评估的准确概率，而估值的准确性又取决于对企业未来长期的持续竞争优势进行预测的准确概率。

估计成功的概率与我们在数学中学习的概率计算有很大的不同。传统的概率计算以大量的统计数据为基础，根据大量重复性试验中事件发生的频率进行概率计算。但是，我们投资的企业永远面临着与过去不同的竞争环境、竞争对手及竞争对手的竞争手段，甚至我们投资的企业自身都在不断地变动之中，一切都是不确定的，一切也都是不可重复的，所以，我们根本无法计算企业竞争成功的频率分布，也根本无法估计成功的概率是多少。

但是为了保证投资获利，我们又必须估计成功的概率。一个有些类似的例子是足球彩票竞猜。每一次曼联队面临的对手可能都是不同的球队，即使是相同的球队，其队员和教练也可能有了许多变化，曼联队自身的队员及其状态也有许多变化，同时双方队员当天比赛的状态和过去绝不会完全相同，队员之间的配合也会和过去有很大的不同。那么，曼联队今天会输还是会赢呢？不管我们有多么庞大的历史数据库，也根本找不到与今天比赛完全相同的、完全可重复的历史比赛数据来进行概率估计。由此，我们唯一可做的便是进行主观的概率估计。

虽然主观评估赢的概率没有固定的模式可依据，但我们可以借鉴股神巴菲特的成功经验——他是用打桥牌的方法来估计成功概率的。

巴菲特一星期大约打 12 小时的桥牌。他经常说："如果一个监狱的房间里有 3 个会打桥牌的人的话，我不介意永远坐牢。"他的牌友霍兰评价巴菲特的牌技非常出色："如果巴菲特有足够的时间打桥牌的话，他将会成为全美国最优秀的桥牌选手之一。"其实打桥牌与股票投资的策略有很多相似之处。巴菲特认为："打牌的方法与投资策略是很相似的，因为你要尽可能多地收集信息，接下来，随着事态的发展，在原来信息的基础上，不断添加新的信息。不论什么事情，只要根据当时你所有的信息，你认为自己有可能成功的机会，就去做它。但是，当你获得新的信息后，你应该随时调整你的行为方式或你的做事方法。"

在伟大的桥牌选手与伟大的证券分析师之间，都具有非常敏锐的直觉和判断能力，他们都在计算着胜算的概率。他们都是基于一些无形的、难以捉摸的因素做出决策。巴菲特谈到桥牌时说："这是锻炼大脑的最好方式。因为每隔 10 分钟，你就得重新审视一下局势……在股票市场上的决策不是基于市场上的局势，而是基于你认为理性的事情上……桥牌就好像是在权衡赢的或损失的概率。你每时每刻都在做着这种计算。"

第三节　聚焦新经济下的新方法

购买公司而不是买股票

巴菲特教会我们，购买股票的时候，不要把太多注意力放在股价的涨跌波动中，而应该多关注股票的内在价值。当股票价格低于其内在价值且在安全边际区域内时，就是购买的好时机。

1982年巴菲特在致股东的信里写道："虽然我们对于买进股份的方式感到满意，但真正会令我们雀跃的还是以合理的价格100％地买下一家优良的企业。"

虽然巴菲特不能够把自己欣赏的企业100％买下来，但是他在购买股票的时候，无论是购买1％的股份还是10％的股份，他都以购买整个企业的标准来衡量这个企业是否值得购买。巴菲特认为，购买股票并不是单纯地看这只股票的价格和最近一段时间的涨跌，而是要以购买整个公司的心态去购买股票。

我们很多投资者经常根据股票价格来判断股票的好坏。当股票的价格是3元时，就认为是一只垃圾股，疯狂抛出；而当它涨到23元时，就认为它是一只优质股，蜂拥买入，其实这是投资的大忌。巴菲特说过："投资股票很简单。你所需要做的，就是要以低于其内在价值的价格买入，同时确信这家企业拥有最正直和最能干的管理层。然后，你永远持有这些股票就可以了。"

巴菲特购买可口可乐股票就是一个典型的例子。1988年，可口可乐股票价格暴跌，巴菲特并没有被下跌的价格吓倒，经过仔细分析，他发觉可口可乐是个未来发展前景很好的公司，其内在价值远高于当时的股价。于是，巴菲特1988年买入可口可乐股票5.93亿美元，1989年大幅增持近一倍，总投资增至10.23亿美元。1994年继续增持，总投资达到12.99亿美元，此后持股一直稳定不变。2009年第二季度末，巴菲特持有的可口可乐股票市值100亿美元，为第一大重仓股，占组合的近20%。2008年可口可乐稀释每股收益2.49美元，每股现金分红1.52美元，与巴菲特平均6.50美元的买入价格相比，每年投资收益率38.3%，红利收益率23.38%。此外像巴菲特购买的吉列、《华盛顿邮报》等股票，从购买那天起，巴菲特也一直持有到现在，而且巴菲特说他希望和这些股票白头偕老。

在巴菲特看来，我们买进一家公司的股票实质上就是买入了这家公司的部分所有权。而决定股票是否值得投资的是分析这家公司的内在价值和我们为购买这份所有权而支付的价格。一家优秀的公司不会因为股价的下跌而变得平庸，相反，这是一个让你低成本获得公司所有权的机会；同样的道理，一家平庸的公司也不会因为股价的上涨而变得优秀。我们要想投资成功就要尽可能地去买进那些优秀的公司的股票，即使公司的股票短期让你被套牢，但长期终会带给你丰厚的回报。

不要混淆投资与投机的差别

投机行为浪费时间和精力，又没有任何可靠的胜算，也许选择长期投资更合适。如果你已经选择好长期投资的企业，那么就不必被短期的价格波动所迷惑，只要多坚持一段时间，你就会发现自己的选择是英明的。

1998年巴菲特在佛罗里达大学商学院演讲时说："我们想看到的是，当你买了一个公司后，你会乐于永久地持有这个公司。同样的道理，当投资者购买伯克希尔的股票时，我希望他们可以一辈子持有它。我不想说，这是唯一的购买股票的方式，但是我希望是这样的一群人加入伯克希尔。"

股票市场通常具有较高的流动性，很多投资者根据股价上涨或下跌的幅度来买卖股票。但在巴菲特看来，股票是不应该长期流动的。令巴菲特感到庆幸的是，伯克希尔股票大概是全美国流动性最低的，每年大概只有1%左右的人会抛掉股票，很难说他们是不是受到了巴菲特的影响。巴菲特以长期投资而闻名世界。只要他认为一家企业具有很强的价值增值能力，就会进行长期投资。即使这些企业的价值增值能力在短期内没有得到体现，也不会影响其长期持有的态度。

一般股市所说的投资是指买入后持有较长时间的长期投资。投资者看重的是企业的内在价值。通常长期投资者都会选择那些在未来10年或20年间有较强发展前景的企业，在企业股价因为某些原因被股市低估时买入，然后长期持有。长期投资者一般不太在乎短期的股价波动，更在乎的是股票的未来价值。巴菲特就是长期投资的忠实拥护者。

投机其实也是投资，指的是利用不对称信息和时机在市场交易中获利的行为，主要指甘于承担风险，在市场上以获取差价收益为目的的交易。投机行为将注意力主要放在价格的变化上，很少考虑交易品种的实际价值。其手法多为低买高卖、快进快出。

巴菲特认为，投机是不可取的。对个人投资者来说，投机的风险太大。由于投机强调的是低买高卖，所以投资者很容易浪费时间和精力去分析经济形势，去看每日股票的涨跌。投资者花的时间越多，就越容易陷入思想的混乱并难以自拔。在巴菲特看来，股票市场短期而言只是一个被投资者操纵的投票机器，而投资者的投资行为又都是非理性的，所以根本没法预测。而股票市场长期而言又是一个公平的天平，如果投资者购买的企业有潜力，那么长期来看企业价值必然会体现在股票价格上。所以巴菲特认为最好的方法就是以低于企业内在价值的价格买入，同时确信这家企业拥有最诚实能干的管理层。然后，永远持有这些股票就可以了。

我们还以可口可乐股票为例，在这几十年里，可口可乐股票价格每天都在波动。如果今天可口可乐股价是 20 美元，你觉得它明天会涨，就购买了很多股票，可是第二天股价反而下跌了。如果你是做短期投机的，那么你就亏了，股价短期的波动没有任何人能预测到。如果你是长期投资可口可乐股票的，那么一定赚翻了。因为从 1987 年底到 2009 年 8 月 31 日，可口可乐每只股票从 3.21 美元上涨到了 48.77 美元。

需要注意的商业准则三大特征

成功的投资行为取决于对公司基本面的了解状况，而不是所谓的股市风云。在实际的投资中，要尽可能多地了解公司的经营状况，考虑公司的盈利模式、经营方针和发展前景。

巴菲特在 1994 年致股东的信里写道："对于坊间一般投资人士与商业人士相当迷信对政治与经济的预测，我们仍将持视而不见的态度。在以后的 30 年里，一定还会有一连串令人震惊的事件发生，我们不应该妄想要预测它或是从中获利。如果我们能够像过去那样找到优良的企业，长期而言外在的意外对我们的影响实属有限。"

巴菲特认为，股票是抽象的事物，他不以市场理论、总体经济概念或各产业领域的趋势等方式去思考。相反，他认为投资行为只和该企业实际的经营状况有关。在巴菲特看来，如果人们的投资行为只是基于一些表面的观点，而完全不了解企业的实际经营状况，那么投资者很容易被企业出现的一点儿小问题而吓倒。就像在 2008 年的金融海啸中，很多优秀的公司因为整体环境不好暂时遇到了一些问题，很多投资者就匆忙地抛售股票。这种行为造成的结果十之八九是亏损。而巴菲特从来不会这么做，他总是将注意力集中在尽可能地收集他有意收购的企业的相关资料上。

在巴菲特看来，分析一个企业是否值得投资，主要考虑企业的以下三个方面：

1. 该企业是否简单易于了解

巴菲特认为，一项投资行为是否能够取得成功，与投资人对自己所投资对象的了解程度有密切关系。因为这样的了解，可以分辨出哪些投资人是以企业的发展走势作为选股依据的，哪些投资者只是带着希望一夜暴富的投机心态投资的。

在巴菲特的投资生涯中，他一直拥有许多领域的企业：加油站、农场开垦、纺织、连锁性的大型零售、银行、保险、广告、铝业、水泥、报社、食品、饮料、烟草和电视等。无论巴菲特是拥有企业的控制权，还是只拥有该企业的部分股票，有一点是相同的：他总是明确地掌握着那些企业的运作状况。巴菲特只在他了解的范围内选择企业，他从不轻易涉足不擅长的领域。

巴菲特选择投资《华盛顿邮报》，就在于他对报业的深刻了解。巴菲特的祖父曾经拥有《克明郡民主党报》，他的祖母在报社帮忙并在家里的印刷厂做排字工作，他的父亲在内布拉斯加州大学读书的时候曾编辑《内布拉斯加人日报》，而巴菲特自己也曾是《林肯日报》的营业主任。后来巴菲特还买下了《奥马哈太阳报》，拥有它让巴菲特学到了一些报纸的经营方式。正因为他对报业深刻的了解，所以他才敢于购买《华盛顿邮报》股票。

2. 该企业的经营方针是否足够稳定

巴菲特向来不愿意碰触复杂的企业。对于那些因面临难题而苦恼或者因为先前经营计划失败而打算彻底改变经营方针的企业，他也敬而远之。巴菲特认为，重大的变革和高额回报率是没有交集的，通常只有那些长期以来都持续提供同样商品和服务的企业，才能够拥有较高的回报率。

巴菲特曾经告诉伯克希尔的股东，他第一次和《华盛顿邮报》公司打交道，是在他 13 岁的时候，当时他做送报生，专门送《华盛顿邮报》和《时代先锋报》。显然巴菲特非常了解报纸的悠久历史，也能够随时了解报业的发展状况。巴菲特根据他本身的经验和公司成功的历史判断，《华盛顿邮报》拥有一贯优良的营运历史，未来一定会有卓越的表现。

3. 该企业是否拥有良好的长期发展前景

巴菲特曾经说过，他所喜欢的企业，一定具有他所能了解的、持续长久的经济优势。在巴菲特看来，经济市场是由一小群有特许权的团体和一个较大的商品型企业团体所组成的。后者中大多数都是不值得投资的，而前者中大多数都是可以投资的。

巴菲特收购美国广播公司的股票，看中的就是该公司良好的发展前景。广播公司和广播网都有高于产业平均值的前景。在相同的因素下，它们可以像报纸一样打出很多经济上的商誉。广播电台建立起来以后，投资和营运所需要的资金并不多，而且根本没有存货投资。电影和电视节目的购置费用，可以在广告收入进账之后再支付。广播公司的投资回报都会高于产业的平均值，而且赚取的现金也都超过了企业营运所需的费用。广播公司的风险主要包括政府的规范、不断更新进步的技术和瞬息万变的广告经费。政府有权拒绝公司广播执照更新的申请，但这种情况很少见。而无限电视网的节目在市场上占据着非常大的份额，不需担心技术和广告的经费问题。由此巴菲特断定，美国广播公司具有非常美好的发展前景。

高级经理人必备的三种重要品质

在分析投资哪家企业时，一定要认真观察企业管理层的品质。只有选择了优秀的企业管理层，才能选到优秀的企业。

1995年，巴菲特在致股东的信中写道："零售业的经营相当不易，在我个人的投资生涯中，我看过许多零售业曾经拥有极高的成长率与股东权益报酬率，但是到最后突然间表现急速下滑，很多甚至被迫以倒闭关门收场。比起一般制造业或服务业，这种刹那间的永恒在零售业屡见不鲜。对零售业来说，要是用人不当的话，就等于买了一张准备倒闭关门的门票。”

巴菲特的这番感慨是在他刚刚收购 RC 威利家具店——犹他州最大家具店之后发出的。1954 年，当比尔从其岳父手中接下 RC 威利家具店时，其公司的年营业额只有 25 万美元。从这个基础开始，比尔在其兄弟谢尔登的协助之下，将公司的营业额一举提升到了 1995 年的 2.57 亿美元，拥有犹他州超过 50%以上的市场占有率。

巴菲特曾经说过，凡是伯克希尔所收购的公司，都必须有值得他赞赏和信赖的管理人员。巴菲特主要考虑管理层的以下几个方面：

1. 管理层是否理智

分配公司的资本是最重要的经营行为。因为资本的分配最终将决定股东股权的价值。根据巴菲特的观点，如何决定处理公司的盈余，转投资或者是分股利给股东是一个牵涉理性与逻辑思考的课题。

巴菲特认为，对于不断增加的过剩现金，而管理者却无法创造平均水准以上的转投资回报率，那么唯一合理而且负责任的做法就是将盈余返还给股东。因此，管理者这时候应该提高股利或者买回股票。

一般来说，管理者会认为回报率过低只是暂时的情况，因此会选择继续投资。如果股东们一直忽略这个问题，那么现金将逐渐被闲置，股价也会下跌。一个经济回报率低、现金过剩、股价偏低的公司将会引来入侵者，而这将是丧失经营权的开始。如果这时候选择收购其他成长中的企业，巴菲特认为也会存在很大的风险。因为整合并管理新的企业很容易犯错，这些错误对股东来讲就是付出高昂的代价。

如果企业主管积极地投入股市买回自己公司的股票，就表示他们以股东的利益为第一优先，而不是只想草率扩展公司的架构。这样的立场会带给市场利多的信息，并吸引另外一批投资人，他们正寻找能够增加股东财富的绩优公司作为投资目标。

2. 管理层对股民是否坦诚

巴菲特极为看重那些完整且翔实报告公司运营状况的管理人员，尤其尊敬那些不会凭借一般公认的会计原则，隐瞒公司营运状况的管理者。他们把成功分享给他人，同时也勇于承认错误，并且永远向股东保持坦诚的态度。

因为财务会计标准只要求以产业类别分类的方式公布商业信息。有一些管理者利用这些最低标准，把公司所有的商业活动都归类为同一个产业类别，借此迷惑投资人，使得他们无法掌握有关自身利益的个别商业心态。

他赞许那些勇于公开讨论失败的企业主管。根据巴菲特的说法，大多数年度报告都是虚假的。每个公司多少都会犯下一些大小不等的错误。他认为，大多数管理者所提出的报告都过于乐观，而不据实以报。这或许可以照顾他们自己的短期利益，但长此以往，每个人都会受害。

3. 管理层是否能够拒绝机构跟风做法

一次巴菲特在对圣母大学的学生演讲时，他展示了一份列有 37 家投资失败的银行机构的名册。他解释说，尽管纽约股票市场的交易量成长了 15 倍，但这些结构还是失败了。这些机构的主管都拥有非常高的智商，而且努力工作，对于成功更是有强烈的欲望。他们为什么会得到这样的结果呢？是因为同业之间不经大脑的仿效行为。

巴菲特认为，就好像旅鼠盲目的行动一样，企业的管理者会自然而然地模仿其他管理人员的行为，不管那些行为是多么愚蠢、多么违反理性。他承认，以前在学校他一直认为，企业界那些经验丰富的管理者都是诚实而聪明的，而且懂得做出理性的商业决策。等真正踏进了企业界，他才知道，一旦盲从在法人机构开始发酵，理性通常会大打折扣。

第三章　巴菲特教你选择企业

第一节　选择企业的基本准则

选择有竞争优势的企业

有些投资者在寻找投资目标时，往往只关注股价是否便宜。巴菲特告诉我们，选择企业时应关注企业业务经营状况，要选择那些具有竞争优势的企业进行投资。以一般的价格买入一家非同一般的好公司要比用非同一般的好价格买下一家一般的公司好得多。

巴菲特说："对于投资者来说，关键不是确定某个产业对社会的影响力有多大，或者这个产业将会增长多少，而是要确定任何所选择的一家企业的竞争优势，而且更重要的是确定这种优势的持续性。"

具有突出竞争优势的企业，具有超出产业水平的超额盈利能力，长期来说，能够创造远远高于一般企业的价值增值。

巴菲特始终遵循他的导师格雷厄姆的教导："我认为迄今为止最优秀的投资著作是本杰明·格雷厄姆的《聪明的投资者》，他在最后一章的最后一部分的开头写道：'当投资最接近于企业经营时才是最明智的。'"

巴菲特认为，股票并非一个抽象的概念，投资者买入了股票，不管数量多少，决定股票价值的不是市场，也不是宏观经济，而是公司业务本身的经营情况。巴菲特说："在投资中，我们把自己看成是公司分析师，而不是市场分析师，也不是宏观经济分析师，甚至也不是证券分析师……最终，我们的经济命运将取决于我们所拥有的公司的经济命运，无论我们的所有权是部分的还是全部的。”

巴菲特将他的投资成功归功于他的商业思维。他说：“我是一个比较好的投资者，因为我同时是一个企业家。我是一个比较好的企业家，因为我同时是一个投资者。”

巴菲特总是集中精力尽可能多地了解公司业务经营情况，他认为公司业务分析的关键在于竞争优势：

（1）企业的业务是否长期稳定，过去是否一直具有竞争优势？

（2）企业的业务是否具有经济特许权，现在是否具有强大的竞争优势？

（3）企业现在的强大竞争优势是否能够长期持续保持？

由于巴菲特是长期投资，所以他非常重视企业是否具有良好的长期发展前景。而企业的长期发展前景是由许多不确定的因素决定的，分析起来相当困难。巴菲特为了提高对企业长期发展前景的准确性，在选择投资目标时严格要求公司有长期稳定的经营历史，这样他才能够据此分析公司是否具有良好的发展前景，未来是否同样能够继续长期稳定经营，继续为股东创造更多的价值。

巴菲特认为公司应该保持业绩的稳定性，在原有的业务上做大做强，才是使竞争优势长期持续的根本所在，因此巴菲特最喜欢投资的是那些不太可能发生重大变化的公司。

同时，巴菲特在长期的投资中深刻地认识到经济特许权是企业持续取得超额利润的关键所在。

巴菲特在伯克希尔 1993 年的年报中对可口可乐的持续竞争优势表示惊叹：“我实在很难找到一家能与可口可乐的规模相匹敌的公司，也很难找到一家公司像可口可乐那样 10 年来只销售一种固定不变的产品。尽管 50 多年来，可口可乐公司的产品种类有所扩大，但这句话仍然非常贴切。就长期而言，可口可乐与吉列所面临的产业风险，要比任何电脑公司或是通讯公司小得多，可口可乐占全世界饮料销售量的44%，吉列的剃须刀市场则有60%的占有率（以销售额计）。更重要的是，可口可乐与吉列近年来也确实在继续增加它们的产品全球市场的占有率，品牌的巨大吸引力、产品的出众特质与销售渠道的强大实力，使得它们拥有超强的竞争力，就像是在它们的经济城堡周围形成了一条条护城河。相比之下，一般的公司每天都在没有任何保障的情况下浴血奋战。”

因此，巴菲特认为可口可乐是一个竞争优势持续“注定必然如此”的典型优秀企业。

巴菲特将竞争优势比喻为保护企业经济城堡的护城河，强大的竞争优势如同宽大的护城河保护着企业的超额盈利能力。

我们喜欢拥有这样的城堡：“有很宽的护城河，河里游满了很多鲨鱼和鳄鱼，足以抵挡外来的闯入者——有成千上万的竞争者想夺走我们的市场。我们认为所谓的护城河是不可能跨越的，并且每一年我们都让我们的管理者进一步加宽我们的护城河，即使这样做不能提高当年的盈利。我们认为我们所拥有的企业都有着又宽又大的护城河。”

选择盈利高的企业

一家优秀的企业应该可以不借助债务资本，而仅用股权资本来获得不错的盈利水平。优秀企业的投资决策，会产生令人满意的业绩，即使没有贷款的帮助也一样。如果公司是通过大量的贷款来获得利润的，那么该公司的获利能力就值得怀疑。

巴菲特说：“我想买入企业的标准之一是其有持续稳定的盈利能力。”

在他看来，一个公司的权益资本收益率与股东收益率是衡量公司盈利能力最重要的指标。

投资分析家通常用每股税后利润（又称为每股收益）来评价企业的经营业绩。上年度每股收益提高了吗？高到令人满意的程度了吗？巴菲特认为，这只是个烟幕。因为大多数企业都保留上年度盈利的一部分用来增加股权资本，所以没有理由对每股收益感到兴奋。如果一家公司在每股收益增长10%，那就没有任何意义。在巴菲特看来，这与把钱存到储蓄账户上，并让利息以复利方式累计增长是完全一样的。

“对经营管理获利状况最重要的量度，是已投入股权资本的收益状况，而不是每股收益。”巴菲特更愿意使用权益资本收益率——经营利润对股东的比例来评价一家公司的经营业绩。

采用权益资本收益率时，需做某些调整。首先，有价证券应该按投资成本而不是市场价格来估价。因为股票市场价格会极大地影响一家公司权益资本收益率。例如，如果一年中股价戏剧性地上升，那么公司的净资产价值就会增加，即使公司经营业绩的确非常优秀，但与这么大的股权市值相除，权益资本收益率也将急剧减小。相反，股价下跌会减少股东收益，从而会使平庸的盈利状况看起来比实际好得多。

其次，投资人也应控制任何非经常项目对公司利润的影响。巴菲特将所有资本性的收入和损失及其他会增减利润的特殊项目全部排除在外，集中考察公司的经营利润，他想知道，管理层利用现有资本通过经营能产生多少利润。他说，这是评判公司获利能力的最好指标。

巴菲特认为，衡量一家公司盈利能力的另一最佳指标是股东收益率。

高水平的权益投资收益率必然会导致公司股东权益的高速增长，相应也会导致公司内在价值及股价的稳定增长。长期投资于具有高水平权益投资收益率的优秀公司，正是巴菲特获得巨大投资成功的重要秘诀之一。

一般说来，管理层用来实现盈利的资本包括两部分：一部分是股东原来投入的历史资本，另一部分是由于未分配利润形成的留存收益。这两部分资本是公司实现盈利创造价值的基础。如果说公司当前的市值反映了股东历史投入资本所创造的价值，那么公司未来市值的增长主要反映了留存收益创造的价值增长。否则管理层利用股东的留存收益不但不会创造价值，而且会毁灭价值。

事实上，分析留存收益的盈利能力并不容易，需要注意的是必须根据不同时期的具体情况具体分析，不能仅仅计算总体收益率。

很多情况下，在判断是否应当留存收益时，股东们不应当仅仅将最近几年总的增量收益与总的增量资本相比较，因为这种关系可能由于公司核心业务的增长而扭曲。在通货膨胀时期，核心业务具有非凡竞争优势的公司，在那项业务中仅投入一小部分增量资产就可以产生很高的回报率。但是，除非公司销售量正处于巨大的增长中，否则出色的业绩肯定可以产生大量多余的现金。即使一家公司把绝大部分资金投入到回报率低的业务中，公司留存资产的总体收益情况仍然可能相当出色，因为投入到核心业务中的那部分留存收益创造了超常的回报。许多股东权益回报率和总体增量资产回报率持续表现良好的股份公司，实际上是将大部分的留存收益投入到毫无吸引力的，甚至是灾难性的项目之中。公司强大的核心业务年复一年地持续增长，掩盖了其他资本配置领域里一再重复的错误。犯下错误的经理们总是不断报告他们从最新的失败中吸取的教训，然后，再去寻找下一个新的教训。

因此，对于投资者来说，重要的是要看重企业的盈利能力。企业将来的盈利能力是投资人投资是否成功的关键所在。

选择价格合理的企业

是不是投资世界上最好的企业就一定会有最好的回报呢?巴菲特给出了否定的回答，因为投资成功的一个必要前提是要在有吸引力的价位买入。

何谓有吸引力?就是股票的价格与我们计算的价值相比有足够大的安全空间。也就是说我们应当在企业的价值被市场低估的时候买入。这看似是小孩子都明白的道理，但在贪婪和恐慌面前，一切都会变得很复杂。巴菲特之所以能成为“股神”，正是源于他无比坚定的执行力，永远把安全空间放在第一位。

巴菲特说:“投资人只应该买进股价低于净值 2/3 的股票。”利用股市中价格和价值的背离，以合理的价格买入，然后在股价上涨后卖出，从而获取超额利润。

巴菲特认为，在购买任何股票前，投资者都要关注企业的市场价格与其内在价值，以保证在理想的价格上买进。不过他也认为，确定企业内在价值并不是一件容易的事情。内在价值的概念既严格又富于弹性，我们并没有一个人能够得出企业内在价值的公式，关键是你得懂这个企业。在巴菲特看来，如果一家企业的经营业绩出众，即使它在短期内被市场忽略了，但它的价值最终会随之上涨的。

投资者在寻找到具有持续竞争优势的企业后，买入其股票并不能保证他获得利润。他应该首先对公司内在价值进行评估，确定自己准备买入的企业股票的价值是多少，然后将该价值与股票市场价格进行比较。巴菲特称为“用 40 美分购买价值 1 美元的股票”。

格雷厄姆曾说:“最聪明的投资方式就是把自己当成持股公司的老板。”这是有史以来关于投资理财最为重要的一句话。试想一下，是不是大多数投资者正是由于没有将自己看成是企业的主人，而只是将它看成了短期获利的工具呢？所以，人们对企业的关心程度是不够的，甚至常常在对其并没有充分了解的时候就匆匆下手。如果我们能将自己看成是企业的主人，情况则会大不相同。我们会关心它，包括它的过去、现在与未来，它的成绩与失误，它的优势与劣势，明白了这些，我们对企业的价值到底有多少也会做到心中有数。这样也有助于我们确定该企业股票的合理价格。

使用自己的投资系统是巴菲特的一个天性。他不再需要有意识地思考每一个行动步骤。

例如，巴菲特经常谈到根据长期国债的当前利率将估算出的企业未来收益折现以判断企业现值的方法。但他真是这样做的吗？根据他的合伙人查理·芒格所说，事实并非如此。芒格曾在伯克希尔公司的一次年会上说："我从没见他这么做过。"这是因为巴菲特的行动是下意识的。

当他看到一家他了解的企业时，凭借数十年的分析企业价值的经验，他的潜意识会生成一幅精神图像，展现出这家公司在 10 到 20 年后的样子。他可以简单地比较两幅图像，也就是这家公司今天的状况和未来的可能状况，然后立刻做出是否购买这家企业股票的决策。

当超市里的一名购物者看到他最喜欢的肥皂正以 5 折出售时，他不需要做复杂的计算就知道这是划算的价格。巴菲特同样不需复杂的计算就能知道一家公司的售价是否划算。对他来说，一个投资对象是不是便宜货是显而易见的。

当巴菲特于 1988 年购买可口可乐的股票时，这家公司的每股收益是 36 美分。这些收益产生于 1.07 美元的每股净资产，因此可口可乐的净资产回报率是 33.6%。而且，它的净资产回报率在过去的几年中一直保持在这个水平。假设可口可乐的净资产回报率和分红率均保持不变，那么在 10 年内，它的每股收益将增长到 2.13 美元。

在巴菲特购买可口可乐的股票时，该股的市盈率在10.7～13.2之间。按这个倍数估算，可口可乐的股价将在未来10年内达到22～28美元。

巴菲特的目标投资收益率是15%。他的平均买价是每股5.22美元，按15%的年回报率计算，可口可乐的股价应该在10年后上涨到21.18美元。

巴菲特购买的是一家企业的股份。如果企业本身是健康的，股市的波动不算什么，可口可乐的收益不会受到影响，而且仍会增长。事实上，巴菲特可以估算出，可口可乐在此后10年中的每股分红累计将达5美元左右。

结果，在1998年年末，可口可乐的市盈率达到了46.5美元，股价为6.07元。巴菲特的平均买价是5.22美元，所以他的年复利率是28.9%。这还不包括分红。

即使你决定要像巴菲特那样做一个理性的投资者，可是你并不知道一个企业的股票到底值多少钱。巴菲特认为，要解决这个问题，一半靠科学的分析，一半靠天赋。他说："你应当具备企业如何经营的知识，也要懂得企业的语言（即知道如何看懂那些财务报表），对于投资的某种沉迷，以及适中的品格特性，这可是比智商高低更为重要的因素，因为他将增进你独立思考的能力，使你能够避免不时在投资市场上传染的形形色色的大面积的歇斯底里。"

选择有经济特许权的企业

许多投资者所犯的错误是认为企业股票的价格及其涨落取决于其与竞争对于竞争的情况。用简单的话说，就是取决于它的经济特许权。但请记住，我们买的不是股票，而是企业。作为企业买主，我们必须认识到有许多力量影响着股票价格——这些力量往往与企业的实力及其经济特许权有关。

巴菲特说："经济特许权是企业持续取得超额利润的关键。"

与没有经济特许权的企业相比，拥有经济特许权的企业被淘汰的可能性要小得多。长期的盈利预测也比较容易做出。

巴菲特认为，一个出色的企业应该具有其他竞争者所不具有的某种特质，即"经济特许权"。那些具有经济特许权的企业在市场上有着一种特别的能力，其他企业就不能挤进这一领域与你竞争，更不可能与你展开价格战，分享你的利润。巴菲特曾经将企业的经济特许权价值描述为一条环绕企业城堡的护城河。这些特权给企业加装了一道安全防护网，使其在多变的商业世界里多了一份儿保障。

根据巴菲特的观点，整个经济世界可划分为两个团体：有特许经营权的企业形成的小团体和一群普通的商业企业组成的大团体。后者中的大部分企业的股票是不值得购买的。巴菲特把特许经营定义为：一家公司提供的产品或服务有市场需求甚至是强烈的需求，并且没有比较接近的替代产品，没有受到政府的价格管制。这些特许经营型企业有规则地提高它们的产品或者是服务的价格，却不必担心失去市场份额。特许经营型企业甚至可以在需求平稳、生产能力未充分利用的情况下提价。这种定价的灵活性是特许经营的一个重要特性，它使得投资可以得到超乎寻常的回报。特许经营企业另一个明显的特点是拥有大量的经济信誉，可以更有效地抵抗通货膨胀带来的负面影响。

相反，普通的商业企业所提供的产品或者服务与竞争对手往往大同小异或者雷同。几年前，普通的商品包括油料、汽油、化学品、小麦、铜、木材和橘汁。如今，计算机、汽车、空运服务、银行服务和保险业也都成了典型的日用商品。尽管有巨大的广告预算，它们的产品或者服务仍然与竞争对手没有实际意义上的区别。

具有经济特许权是出色企业的特点，与没有经济特许权的企业相比，它今后20年的情况更容易预测。从踏入投资行业开始，巴菲特便对这种具有特许权的公司有着极为浓厚的兴趣。在他看来，在普通企业遭遇危机的时刻，那些具有经济特许权企业虽然也可能受到影响，但它们的经济特许权的地位却是不可动摇的。而且在这样的时刻，股价一般都会下跌，这正是买入的大好时机。

就像可口可乐公司，它拥有全世界所有公司中价值最高的经济特许权。“如果你给我1000亿美元用以交换可口可乐这种饮料在世界上的特许权，我会把钱还给你，并对你说：‘这不可能。’”

对企业所有者来说，经济特许权意味着很难遇到竞争。虽然可口可乐比一般饮料贵，但喜欢可口可乐的人不会在乎。你无法通过降价与可口可乐竞争，这也是经济特许权存在的一个表现。人们很难与易趣竞争，因为它拥有世界上最大的网上拍卖市场。人们之所以很难与吉列竞争，是因为它拥有大量忠实的客户。迪士尼、箭牌糖果公司也是如此。

经济特许权并不限于热爱一种产品。虽然许多人对微软公司不满，却依旧使用视窗软件，因为大量软件需要依赖它运行，一定程度上可以说是被迫使用。虽然人们也许不满于附近的沃尔玛超市给邻居的百货店带来的遭遇，却仍然在沃尔玛购买小百货，因为那里的小百货便宜得让他们无法拒绝。沃尔玛具有价格特许权。

特许经营权通常会形成盈利优势。优势之一表现在可以自由涨价，从而获得较高的盈利率。另一点则是在经济不景气时，比较容易生存下来并保持活力。巴菲特认为，持有一家即使犯了错误，利润仍能超过平均水平的企业的股票是值得的。“特许经营企业可以容忍管理失误，无能的管理者可能会减少它的盈利能力，但不会造成致命的损失。”

拥有特许权的企业更加引人注目的一点在于，它们能够与通货膨胀保持同步。换言之，成本上涨时，它们能够提价。即使可口可乐、吉列剃须刀或者星巴克的大杯咖啡今天的价格比昨天要贵，人们也仍然会购买这些商品。

如果你理解了所谓经济特许权类型的企业，你便不难从众多的股票中把它们找出来。如果你恰好以一个合适的价格买进此股票，并长期持有它的话，那你的投资几乎是零风险。

选择超级明星经理人管理的企业

投资者在选择投资目标时，也应该注重一个企业的优秀的经理人，因为优秀的经理人更注重公司长期保持专业化的经营，只有专业化的经营才能使公司盈利能力更高。此外从合作者的角度来看，大家都愿意并喜欢与尊敬的人一起共事，因为这可以使良好的结果出现的机会最大化，并且保证一个良好的合作过程。

巴菲特说："在进行控股收购和股票买入时，我们要像购买目标公司，不仅需要该公司的业务优秀，还要有非凡出众、聪明能干并且受人敬爱的管理者。"

以巴菲特多年的投资经验来看，他只选择那些他喜欢、信任和敬佩的经理人管理的优秀企业，他觉得这样才有机会获得良好的投资回报，巴菲特把这称为与伟人一起才能成就伟业。

1989 年巴菲特公开宣布他已持有可口可乐公司 6.3%的股份。当被问到为什么没有更早地持有该公司的股票时，巴菲特回答是因为过去他对可口可乐的长期发展前景缺乏信心。至于为什么后来又买进可口可乐公司的股票，巴菲特给出的解释是他看到了可口可乐公司在 20 世纪 80 年代在罗伯托·郭思达和唐·基奥领导下所发生的巨大变化。并且自 1962 年起一直担任公司总裁的保罗·奥斯汀 1971 年被任命为董事长，之后可口可乐公司就开始了大规模进行多元化经营，比如投资于众多与可乐无关的项目，包括水净化、白酒、养虾、塑料、农场等。

巴菲特认为这些举措是在浪费宝贵的资金。在股东的压力下，奥斯汀被迫辞职，1981年可口可乐公司第一位外籍总裁罗伯托·郭思达上任。罗伯托上任后全力以赴转向美国可乐市场上与百事可乐的竞争。1985年，可口可乐放弃了已使用100多年的老配方，推出了新的可乐配方。这一惊人的失误付出了惊人的代价。在无数可口可乐忠诚消费者的压力下，老配方不得不又恢复了。罗伯托渐渐放弃了与可乐无关的业务。从1984～1987年，即巴菲特投资前，可口可乐在全世界的销量增加了34％，每加仑边际利润也从22％上升到27％，国外的总利润从6.66亿美元涨到了几十亿美元。报告中更吸引人的是重新调整后的公司本身。1984年可口可乐公司的国外利润只勉强占总利润的一半多一点儿（52％），到1987年，它的利润的3/4来自于美国本土以外。在罗伯托的领导下，可口可乐公司的巨大变化吸引了巴菲特的注意。

罗伯托·郭思达拥有非常难得的天赋，将市场销售与公司财务两方面的高超技巧整合在一起，不但使公司产品销售增长最大化，而且也使这种增长带给股东最大化的回报。

1997年罗伯托·郭思达在被诊断出肺癌的消息对外公布后不到两个月便不幸去世。罗伯托显示出卓越且清晰的战略远见，他总是将公司目标定位于促进可口可乐股东价值不断增长上，罗伯托很清楚他要将公司引向何方、如何到达目的地、为什么这是适合所有股东的最佳路径。同样重要的是他对于达成以上目标有着强烈的渴望。

选择具有超级资本配置能力的企业

投资者需要注意的是能够体现管理层高超的资本配置能力的一个重要标志就是，管理层在公司股价过低时大量进行股份的收购，但是需要注意的是，管理与业务相比，业务是公司发展的根本所在，优秀的鼓励能够为优秀的公司锦上添花。所以在应用这个原则时，不能忽视掉公司的业务。

巴菲特说："企业经理的最重要的工作是资本配置。一旦管理者做出资本配置的决策，那么最为重要的就是，其行为的基本准则就是促进每股的内在价值的增长，从而避免每股的内在价值的降低。"

巴菲特认为资本配置对企业和投资管理都是至关重要的，管理层最重要的能力就是资本配置的能力。资本配置的能力主要体现在管理层能否正确地把大量的资本投资于未来长期推动股东价值增长的最大化的项目上，可以这么说，资本配置上的远见在某种程度上决定了公司未来发展的远景。

比如在可口可乐每年的年报中，管理层都会一再重申："管理的基本目标是使股东价值最大化。"罗伯托·郭思达在公司"80年代的经营战略"中指出："未来10年内我们要继续对股东负责，使他们的投资增值。为了给我们的股东创造高于平均水平的投资收益，我们必须找到条件适合、回报率超过通货膨胀率的项目。"

公司的经营战略则强调使公司长期现金流最大化。为实现这一目标，可口可乐公司采取的是集中投资高收益的软饮料企业，并不断降低成本的经营战略。这一战略的成功直接表现为公司现金流增长、权益资本收益率提高和股东收益增加。为实现这一宗旨，可口可乐公司通过增加权益资本收益率和利润率来提高红利水平，同时减少红利支付率。

在20世纪80年代，可口可乐公司支付给股东的红利平均每年增长10%，而红利支付率却由65%降至40%。这样一来，可口可乐公司可以把更多的未分配利润用于再投资，以使公司保持一定的增长率。净现金流的增长使可口可乐公司有能力增加现金红利并回购股票。1984年，公司第一次采取股票回购行动，回购了600万股。

从这以后，公司每年都要回购股票。1992年7月，可口可乐公司再次宣布：从现在起到2000年，公司将回购1亿股，相当于公司流通股份总数的7.6%。罗伯特·郭思达自信，由于公司强大的盈利能力，完全可以做到这一点。从1984～1996年的12年间，可口可乐总共动用了53亿美元，回购了4.14亿股，相当于1984年初公司流通股份的25%。如果按1993年12月31日的收盘价计算，回购的这些股票价值185亿美元。巴菲特对可口可乐回购股份之举大加赞赏。

第二节　如何识别超级明星企业

抓准公司发展的潜力

对于投资人而言，能够为我们赚钱的，才是未来的成绩。所以，我们在识别企业时，应抓准公司发展的潜力。公司的发展潜力预示着公司未来的表现。巴菲特也曾说过，真正决定投资成败的，是公司未来的表现。试想，如果投资成败取决于过去和今日，那任何人都能投资致富，根本也不需要很强的分析能力，因为过去和今日的业绩都是公开的消息，人人都知道的。对于投资者来说，在寻找目标时，选择那些具有发展潜力的公司，无疑是为自己的投资上了一份保险。

巴菲特说："我们感兴趣的并非是股票类别本身，而是公司的潜在价值及其发展的前景。要根据一家公司的远景展望而进行相应的投资，我们需要的是有才能的投资基金委托人，而非利用财务杠杆收购牟利的股市赌徒。"

在巴菲特看来，从企业前景的角度来投资是一种原则，可以说，投资股市的实质就是投资企业的发展前景。

坚守这条原则，让别人的愚蠢行为成为你的经验，也就是说，别人由于恐惧和贪婪所犯的错误，会让你吸取教训，积累经验，投资那些从企业前景来看值得投资的股票。为了理解巴菲特从企业前景角度投资的观点，就必须理解巴菲特对于公司利润的独到见解。他觉得公司利润与其在公司里的所有权成正比。因此，如果一个公司一股赚 5 美元，巴菲特拥有该公司的 100 股股票，那么他就认为他赚了 500 美元。

巴菲特相信公司面临两种选择：一是通过红利付出 500 美元；二是保留盈余进行再投资，从而提高公司的内在价值。巴菲特相信，通过一段时间，股票市场的价格会由于公司内在价值的提高而提高。

在巴菲特的世界里，普通股也具有债券的特征，可付利息就是公司的纯收益。他用公司每股股票的净盈利除以每股买价，计算出收益率。一只每股买价 10 美元，每年净盈利 2 美元的股票，其收益率为 20%。当然，这种计算必须假定公司盈利的可预测性。在现实生活中，如果你想购买当地的一只股票，你必须清楚它每年能赚多少，它的卖价是多少。通常这两个数字，你只要简单相除就能计算出你对该项投资的报酬率。巴菲特不管是购买整个企业还是购买企业的一股股票，都是这样做的。

巴菲特还认为，行业的性质比管理人素质更重要。毕竟人心莫测，管理人可以“变质”，但整体行业情形一般不会那么容易变相。

从巴菲特的投资构成来看，道路、桥梁、煤炭、电力等资源垄断性企业占了相当大的份额，因为这些行业的发展潜力很大。如巴菲特 2004 年上半年大量买进中国石油股票就是这种投资战略的充分体现。

巴菲特所投资的公司，都是对准消费者市场的。有的是品牌产品公司，如可口可乐；有的是行销行业，如百货、珠宝、家具、保险等。比如全球最著名的吉利剃须刀公司，巴菲特认为消费者每十多天才需要换一次一两元的刀片，不可能会为了节省这一点儿点儿钱而将脸颊拿去冒险尝试其他牌子的。对于那些想要让小孩儿看电影的父母而言，他们不可能先亲自花费几十个小时的时间去观赏多部电影，然后才让孩子看其中几部的，现代人通常没有这个时间，迪士尼电影马上就成了家长所信赖的品牌。

中小型企业也值得拥有

对个人投资者来说，如果你细心留意，也许会发现一些流动性不大，但其内在价值大于目前价格的股票，如果发现了，就把握机会赶紧买进吧，或许这就是被像巴菲特这样的大型投资者所忽略的。

1998年巴菲特在佛罗里达大学商学院演讲时说："我们不在乎企业的大小，是巨型、大型、小型，还是微型。企业的大小无所谓，真正重要的因素是，我们对企业、对生意懂多少，是否是我们看好的人在管理它们，产品的卖价是否具有竞争力。"

巴菲特认为，他可以投资的企业都具有相同的特性：在熟悉的能力圈内，具有良好的竞争力，拥有诚实和能干的管理层。在他看来，企业不分大小，只要符合他投资的标准，他都会投资。

在巴菲特的投资生涯中，也有很多成功的中小型公司收购案例。赛氏糖果店就是一个经典的例子。赛氏糖果店是出售用自家配方制作的巧克力。1972年巴菲特以2500万美元买下了赛氏糖果店。从1972年到1999年，这家装饰着独特的黑白格和玛丽赛标识的糖果店已经赢得了8.57亿美元的税前利润。1999年，赛氏粮果店的税前利润为7300万美元，它的运营利润占到24%，创下了历史纪录。在巴菲特的家乡奥马哈市，有家全国最大的家庭用品商店——内布拉斯加家具店。1937 年，罗斯·布兰肯女士投资 500 美元创办了这家家具店，然后坚持“价格便宜，实话实说”的经营策略，生意蒸蒸日上。1983 年，伯克希尔公司收购了该家具店 80%的股票，其余 20%留给布兰肯家族。虽然这个商店的营业面积仅仅只有 20 平方米，年销售额却高达 1 亿美元。

解读公司重要的财务分析指标

对于投资者而言，投资的首要任务就是要建立起自己的财务模型，你对所选的企业的财务状况必须要有自己的评估，自己建立的财务模型也必须健全而可持续发展。只有对企业财务状况有了清晰的认识，才能够抓住该企业的核心价值。对该企业的股价进行准确地评估并做出正确的判断。

巴菲特说:“我喜欢的就是那种根本不需要怎么管理就能挣很多钱的行业，它们才是我想投资的。”

投资者绝对不要投资财务报表让人看不懂的企业。一般来说，一个企业的财务状况可从以下几方面判断，从而决定该企业是否值得投资。

1. 股东权益报酬率

股东权益报酬率是评价和衡量一家企业或公司管理获利能力的最重要指标。使用净利润对股东权益的比例来衡量和评价一家公司的经营业绩则十分有效，因为这一指标着重从股东利益出发来考评一家公司，同时又注重公司现有资本投入的有效率，这样，就能排除立足于对公司的理想主义设想的评估，而十分乐观地估计负债、借贷等资本投入所产生的利润。只有这样，才能实事求是地评价公司的现有状况，真正挑选出优秀公司。

总的来说，股东权益报酬率的重要性在于，它可以让我们预估企业把盈余再投资的成效。长期股东权益报酬率高的企业，不但可以提供高于一般股票或债券一倍的收益，也可以经由再投资，让你有机会得到源源不断的20%的报酬。最理想的企业能以这样的增值速度，长期把所有盈余都再投资，使你原本的投资以20%的复利增值。

评价一家公司是否优良和有发展潜力，能够在较长一段时期内给投资者以丰厚的回报，最能肯定的做法就是立足于股东权益回报率，也就是立足于现有资本投入，这是最为现实有效的评价手段和途径。

2. **股东收益**

一般来说，公司年度财务报表上的每股收益只是判断企业内在价值的起点，而非终点。股东收益才是判断公司内在价值的最终指标。

所谓股东收益，即公司的税后利润加上折旧、摊提等非现金费用，然后减去资本性支出费用以及可能需要增加的公司运作的资金量。虽然股东收益并不能为价值分析提供所要求的精确值，因为未来资本性支出需要经常评估。虽然巴菲特认为，这个方法在数学上并不精确，原因很简单，计算未来现金支出经常需要严格的估算。但是，巴菲特引用凯恩斯的话说："我宁愿模糊地对，也不愿精确地错。"

1973年，巴菲特投资的可口可乐公司的"所有者收益"（净收入加折旧减资金成本）为1.52亿美元。到1980年，所有者收益达到了2.62亿美元，以8%的年复合利率增长。从1981年到1988年，所有者收益从2.62亿美元上升到了8.28亿美元，年平均复合利率为17.8%。

可口可乐公司所有者收益的增长反映在公司的股价上。如果我们以10年为期看一下，就会发现这一点特别明显。从1973年到1982年，可口可乐公司的总利润以6.3%的平均年率增长；从1983年到1992年，平均年率为31.1%。

从以上可以看出，现金流量根本无法反映公司的内在价值。相对于“每股税后盈余”“现金流量”等财务指标，股东收益则对公司所发生的可能影响公司获利能力的所有经济事实进行了较为周密的考虑。

所以，我们在选择投资标的时，千万不要忽视了“股东收益”这一决定内在价值的指标。

3. 寻求高利润率的公司

一般来说，能以低成本高利润运营的公司，利润率越高，股东的获利也就越高。所以，寻找高利润率的公司通常是投资者所向往的，一旦找到了高利润率公司，就意味着找到了高额利润。也就是说，这种高利润率公司意味着股东权益报酬率高。

在生活中，假如你拥有一家公司，我们称之为A公司，该公司的总资产为1000万美元，负债400万美元，那么股东权益为600万美元。假如公司税后盈余为180万美元，那么股东权益报酬率为33%，就是说600万美元的股东权益，获得33%的报酬率。

假设你拥有另一家公司，我们称它为B公司。假设B公司也有1000万美元资产、400万美元负债，于是股东权益也和A公司一样为600万美元。假设B公司仅获利48万美元，因此权益报酬率为8%。

通过比较我们可以发现，A、B两家公司资本结构完全相同，但A公司的获利接近B公司的4倍，当然A公司比较看好，又假设A、B两公司的管理阶层都很称职，A公司的管理阶层善于创造33%的权益报酬率，B公司的管理阶层则善于创造8%的权益报酬率。你愿意对哪家公司进行追加投资？你很可能将B公司的股利投资于A公司。

公司有良好的基本面

基本面分析的功能不是预测市场，它的更大的作用是告诉我们市场价格波动的原因，使我们更清楚地认识和了解市场，不至于因为对基本面情况的一无所知而对市场价格的涨跌感到迷茫和恐惧。

1993年巴菲特在致股东信里写道："我仍然忍不住想要引用1938年《财富》杂志的报道：'实在是很难再找到像可口可乐这样拥有这么大规模，而且能够保持持续10年不变的产品内容。'如今又过了55个年头了，可口可乐的产品线虽然变得更加广泛，但是令人印象深刻的是对它的形容依然如此。"

巴菲特对可口可乐总是赞不绝口，可以说他看重的就是可口可乐令人满意的基本面信息。

基本面分析是你买入任何股票之前必须做的一件事。通过分析确定该股的质量及其相对强势，也就是区分其优劣的过程。基本面是股票长期投资价值的唯一决定因素，每一个价值投资者选择股票前必须要做的就是透彻地分析企业的基本面。许多投资者没有系统地分析方法，甚至仅仅凭某一短暂的或局部的利好因素就做出买入决定。投资者很容易受一些感性因素的影响而做出错误的操作，如听信其他投资者的言论，或者生活中对某一消费品牌情有独钟，就买入其股票等。

巴菲特在股市的成功，依仗的是他对基本面的透彻分析，而非对"消息市"的巧妙利用。正是因为有巴菲特这样"老实本分"的投资者，正是因为市场对巴菲特理性投资行为的高额回报，使得美国的资本市场成为世界上最稳定、最成熟、最有活力的金融市场；作为经济"晴雨表"的美国资本市场的长期稳定、健康，反过来又对经济产生了良好的反馈作用，成为美国经济长期保持强势的根本保障。

基本面分析主要是对公司的收益、销售、股权回报、利润空间、资产负债、股市，以及公司的产品、管理、产业情况进行分析。基本面分析能主要考察一只股票的质量和吸引力，从而识别一只股票是否具有投资价值。

那么，在基本面分析中最重要的是什么呢？公司的盈利能力是影响股价的最重要的因素，也就是说只买那些盈利和销售量在不断增加、利润率和净资产收益率都很高的公司的股票。每股收益（公司的总税后利润除以公开发行的普通股的股数）可作为公司的成长能力和盈利能力的指标。

巴菲特认为，表现最优秀的个股，3/4 都是成长良好的公司，在股价大幅度上升之前其每股收益的年增长率平均达到或超过 30％，而且连续三年都如此。因此，应全力关注连续三年的年收益增长率达到或超过 30％的公司。

另外，在基本面分析中还有一些其他的因素。公司应当有其独特的新产品或新的服务项目，且其预期前景也令人鼓舞。你应当了解你所投资的公司在做些什么。这个公司应有大机构赏识并持有其股份，大多数情况这个公司还应属于某个先进的大企业集团。应当了解有多少优秀的共同基金、银行和其他机构投资者买入这只个股，这也是你个人研究的基础。大机构通常要经过详细的基本面分析以后才会买入某只个股的大量股票。

许多投资者以基本面分析方法作为其长期买卖决策的基础。基本面分析法的基本投资法则是：如果一只股票的价格低于它的内在价值，买进这只股票；如果股票价格高于它的价值，就卖出这只股票。

也有些投资者通过基本面的分析来预测市场的未来，他们总是认为通过研究基本面的情况可以得出市场未来的方向。但巴菲特认为，这是一个根本性的错误。

业务能长期保持稳定

如果想找到长期领先于市场的好股票，一定要学习巴菲特买入业务长期保持稳定的企业。巴菲特认为，公司业务不稳定，就难以在原有的业务上做大做强，无法建立强大的竞争优势。一家公司如果经常发生重大变化，就可能会因此经常遭受重大失误。推而广之，在一块儿总是动荡不安的经济土地上，是不太可能形成城堡一样坚不可摧的垄断经营权，而这样的垄断经营权正是企业持续取得超额利润的关键所在。

巴菲特说："研究我们过去对子公司和普通股的投资时，你会看到我们偏爱那些不太可能发生重大变化的公司和产业。我们这样选择的原因很简单：在进行子公司和普通股两者中的任何一种投资时，我们寻找那些我们相信从现在开始的10年或者20年的时间里实际上肯定拥有巨大竞争力的企业。至于那些环境迅速转变的产业，尽管可能会提供巨大的成功机会，但是它排除了我们寻找的确定性。"

巴菲特认为，投资者买股票就是要投资该公司。既然要投资这家上市公司，并且已经做好了长期投资的打算，那么在确定投资对象时就一定要选择未来10年、20年内业务长期保持稳定的公司，并且绝对具有巨大的竞争力。

在几十年的投资生涯中，巴菲特发现，经营盈利能力最好的企业，通常是那些现在的经营方式与5年前或者10年前几乎完全相同的企业。美国《财富》杂志的调查结果也验证了巴菲特的话。在1999年至2000年期间，《财富》杂志评出的世界500强企业中只有25家企业达到了这样的业绩：连续10年的平均股东权益回报率达到20%，并且没有一年的股东权益回报率低于15%。这25家企业在股票市场上也表现优异，其中有24家都超越了标准普尔500指数。令大家讶异的是，在这25家企业中，只有几家企业是高科技和制药业，其他企业都是从事着普通的业务，出售着普通的产品，而且它们现在出售的产品几乎和10年前的产品没有什么两样。

他认为，虽然有人说企业发展要与时俱进，要根据宏观环境的改变迅速转变产业，可是，这种做法排除了他寻找长期投资对象的确定性。事实上，他经过长期观察和研究发现，如果上市公司经常发生重大变化，那么就很可能会因此造成重大损失，而这和他的长期投资理念是不相符的。正因为如此，所以他经常说："我们偏爱那些不太可能发生重大变化的公司和产业。"

巴菲特深深知道，长期投资必须非常重视企业良好的发展前景，因为你购买该公司的股票就是因为看中了它的未来发展；如果该公司"没有未来"，为什么还要投资该公司的股票呢？这时候如果还要做长期投资，那是非常危险的。

不过显而易见的是，企业的长期发展取决于多种因素，很难正确判断。巴菲特说，要做到这一点，就非常有必要对该公司过去的长期发展进行考察。只有这样，才能确信该公司未来同样能长期保持稳定发展、未来的经营业绩也能保持相对稳定增长，继续为投资者创造价值。所以，巴菲特从根本上是不主张公司开拓新业务、形成新的经济增长点的，他更希望公司能够在原有基础上做大做强，尤其是不能丢了原有业务的长期竞争优势。

很有意思的是，符合他这种预期的上市公司，它们的经营业务都相对简单而且稳定，这正是他喜欢的投资类型。所以他说："我们努力固守于我们相信可以了解的公司，这意味着那些公司具有相对简单且稳定的特征。"

针对许多投资者喜欢投资那些濒临破产倒闭的公司，巴菲特认为这样的资产重组概念股确实有可能会咸鱼翻身，或者乌鸦变凤凰，可是根据他对几百只这类股票的研究，他认为这样的可能性很小很小，不值得投资者为之一搏。他通过长期的观察后发现，甚至许多很有才干的管理人员在进入这样的"咸鱼"

企业后，不但没有把它从水深火热的困境中解救出来，相反还毁坏了个人的好名声。

巴菲特通常拒绝投资下面几类公司的股票：

（1）正在解决某些难题；

（2）由于以前的计划不成功而准备改变经营方向。根据巴菲特的经验，那些多年来生产同样的产品、提供同样的服务的企业，往往有最好的投资回报。而那些正在转变经营业务的企业，则更有可能出现重大的经营失误。

巴菲特认为，从这个角度来看，投资者寄希望于乌鸦变凤凰是不现实的；既然要投资股票，就要把眼睛盯在“凤凰”而不是“乌鸦”上。所以他从1982年起，每年都要在伯克希尔公司年报致股东的一封信中提到他对由亏转盈的“反转”公司不感兴趣，原因就在这里。

巴菲特认为：“剧烈的变革和丰厚的投资回报是不相容的。”但大多数投资者却持相反的想法。投资者争购那些在进行公司重组的公司股票。巴菲特认为，由于不可解释的原因，这些投资者对这类公司未来的收益寄予希望，却忽视了这类公司的现状和问题。

巴菲特始终认为，要想投资一家问题企业后一个一个地去解决这些问题，远远不如之前就远离这家问题企业来得轻松、简单。

第三节　公司管理层优秀的六个标准

寻找优秀的管理层很关键

一般来说，如果你选对了人，就能选对企业，所以投资者要多关注企业的管理层品质。

1986年巴菲特在致股东的信里说："我和芒格平时通常只有两个工作。其中一个就是邀请优秀的经理人来管理我们的子公司。这项工作对我们来说并不太难。因为在我们收购一家公司时，通常该公司原本的经理人就早已在这个行业充分显现出他们的才能了，我们所要做的其实很简单，就是不要妨碍他们就好了。这是非常重要的一点。这就好比我的工作是组织一支高尔夫球队。如果尼克劳斯或阿诺帕玛在这支球队里，我确实不必费心教他们如何挥杆。"

巴菲特认为，一个优秀的企业必然需要拥有一个优秀的企业管理层。如何为企业寻找优秀的管理层非常关键，最好的方法就是在并购企业时直接把企业的管理层留下来。

巴菲特在购并企业时非常注重该企业管理层是否足够优秀。如果企业的管理层不够优秀，那么一般来说企业的经营业绩就不会多么出色，就不足以吸引巴菲特的投资目光；如果管理层很优秀，又愿意留下来继续经营企业，巴菲特就会很乐意地并购企业；如果管理层很优秀，但不愿意继续留下来工作，那么十有八九巴菲特就会放弃这项并购。

通常，一家公司被其他公司收购后，收购公司都会找新的经理人来掌管这家公司，但伯克希尔公司是个特例。伯克希尔公司每年都会在自己的年报上刊登一小块儿公司收购广告。在这简短的收购标准中，其中有一条就是公司要具备优秀的管理层，而且伯克希尔公司还郑重声明，伯克希尔公司无法提供这样的公司管理层。只要公司不具有优秀的管理层，伯克希尔公司就不会讨论任何收购事宜。相反，如果公司具备这样的优秀管理层，那么伯克希尔公司将会为这些优秀的公司和经理人提供一个非常理想的归属。伯克希尔公司会给予这些经理人广阔的施展舞台，不会干涉他们的经营，只会在他们需要协助时给予他们一定的支持。

著名管理学家柯林斯在撰写两本企业管理相关书籍时做了

很多的采访和研究，最后他惊奇地发现，对于企业所有者来说，最大的问题并不是企业的战略问题，而是企业的管理层问题。企业管理层的能力和品质，在很大程度上决定着该企业的发展走向和竞争优势。一旦企业能够找到优秀的管理层，那么该企业的发展前途就不可限量。

上市公司对各种资源进行计划、组织、实施和控制以达到其既定目标，公司董事长和公司高层领导班子的能力十分重要。

1. **高层的竞争意识**

公司的高级管理层只有具有强烈的竞争意识，才能永不满足、锐意进取，积极推动公司迈向长足发展。管理层是否具有强烈的竞争意识，关键是看管理层群体是否充满活力，要看其是否具有一种强烈的从事管理工作的欲望，群体中每个人是否有影响他人的欲望，是否有与下属人员共同努力取得成果的欲望。

2. **高层的专业能力**

股民所关注的专业能力是公司管理层的整体专业能力，而不是一两个人，而且管理层知识结构要合理，管理、销售、财务等方面都不能偏废。

3. **高层的沟通协调能力**

领导的艺术很大程度上在于沟通协调。融洽的关系是协同作战的前提条件。这种沟通不仅仅局限于公司内部，也包括公司外部的各种顾客、供应商、政府部门、社团的沟通等。

股谚有云："选股要选董事长。"此话不无道理。一家公司的成败，公司领导人要负70%的责任。

公司管理层影响着公司的内在价值

企业的管理层对企业的长期发展有重大影响。在选择投资企业时，投资者一定要记得观察企业的管理层状况如何。只有选对了管理层，投资的回报才会更丰厚。

1987 年巴菲特在致股东信中说："伯克希尔公司旗下的世界百科全书、科比吸尘器公司、斯科特·费策公司等都是拉尔夫一个人领导的，要知道，拉尔夫一个人就担任 19 个企业的首席执行官。即使如此，伯克希尔公司在 1986 年收购斯科特·费策公司后的业绩表现就出乎预料，1987 年的业绩表现更是再上一层楼，税前利润提高了 10%，可是成本却大大降低。"

在巴菲特看来，投资债券和投资股票是不一样的。当然，股票、债券的内在价值，都取决于所预测的公司未来一些年的自由现金流经过一个适当的利率折现后所得到的期望值。但是，股票和债券还是有差别的。债券有债票与到期日，我们可以清楚计算出投资债券的收入，但是股票没有固定的到期日和价格。投资者只能够根据企业的经营业绩去估计自己投资股票的收入。由此可见，因为债券的债息和公司的业绩没太大关系，所以管理层的好坏对于公司债券的影响非常有限；而股票的分红和公司的业绩关系非常密切，所以管理层的好坏对于公司股票的影响非常大。

在巴菲特的投资生涯中，他非常看重公司管理层的品质。因为他知道公司管理层的品质将会对公司的长期竞争优势产生莫大的影响，从而影响公司的内在价值。巴菲特曾经说过，优秀的管理层就是一块无价之宝。在收购公司的过程中，如果公司管理层足够优秀，也愿意留下来继续工作，那么他会愿意用比较昂贵的价格收购这个公司；如果优秀的管理层不愿意留下来工作或者公司的管理层不太出色，那么即便公司出再低的价格，他也不太愿意收购。

在巴菲特心中，斯科特公司的总裁拉尔夫就是一位非常优秀的管理者。1987 年世界百科全书推出了新版本，这次新版本的改动很多。全套书籍中的彩色照片从原来的 14000 幅增加到 24000 幅，重新编写的文章超过 6000 篇，参与编写的作者多达

840位。从1982年到1987年，世界百科全书在美国地区的销售量每年都创新高，在其他国家的销售量也有大幅度增加。世界百科全书的销售量比其他所有同类型的书籍的销售量多得多。把企业交给这样优秀的经理人来管理，企业的内在价值自然就会上升了。

有很优秀的资金配置能力

资金如何配置对企业的发展至关重要，而资金配置主要取决于企业管理层的决定。

1983年巴菲特在致股东的信中说："我们希望不要重复犯下资金配置错误导致我们投入逊色的产业，同时也对于那些认为只要投入大量资本支出便能改善盈利状况的建议不予理会。打牌似的管理行为并非我们的投资风格。我们宁可整体的结果逊色一点儿也不愿意花大把银子处理它。"

巴菲特认为考察企业的管理层是否优秀，首先就要考虑管理层的资金配置能力。因为从长远来看，资金分配决定了股东投资的价值。如何分配公司盈利——继续投资还是分配给股东的决策是一个逻辑和理性问题。

巴菲特认为，真正优秀的管理层，可以充分发挥高超的资金配置能力，能够把企业充裕的资金投入到具有高回报率的项目中，从而促使企业内在价值增长，股东权益增加；而那些缺乏资金配置能力的管理层，经常把企业充裕的资金投入到一些毫无起色的项目中，不仅损害了股东的权益，甚至还会降低企业的内在价值，影响企业的长期发展。

很多股票专家认为，股票市场通常会高估公司短期收益，而低估长期盈利水平，所以他们觉得公司如果削减资本支出和研究开发费用，将会实现短期利益最大化，从而推动股价不断上涨。但巴菲特并不赞同这样的观点。他觉得，只有将资金用于资本支出和研究开发，才能够提升公司产品的优势，从而巩固公司的长期竞争优势，提高公司的长期盈利水平。一旦公司的长期盈利水平提高了，企业的内在价值就会提高，而股票市场虽然短期是一架投票的机器，但长期却是一架非常公平的天平，所以股票价格自然也会上涨，而这种上涨是实实在在的，和那种短期上涨是不一样的。股价的短期上涨，说穿了其实就是股市泡沫。

事实证明巴菲特的观点是正确的。1985 年，美国几位金融专家通过研究投资活动和股价变动规律发现，对于美国股市中的大多数工业类股票而言，每当上市公司发布增加有计划的资本性支出公告后，股价就会大幅度上涨；相反，每当上市公司发布减少有计划的资本性支出公告后，股价就会大幅度下跌。另一项针对几百家上市公司的战略性资本支出与投资决策的权威性调查也发现，在美国股票市场中，只要上市公司发布兼并、增加研究开发费用、开发新产品、增加资本性支出公告，公司的股价通常都会有显著的上涨。

巴菲特在投资的过程中，也发现了一种奇怪的现象：很多企业的管理层也都非常聪明能干，但是在资金配置方面却喜欢跟风行动。一旦同行有什么新的政策或者投资方案，他们也会很快采取类似的政策和投资方案。如果投资者看过倒闭的投资银行名单，就会发现，尽管纽约股票交易所的规模比过去增加了 15 倍，可是这张名单上的银行规模仍然有 37 家。而这些银行倒闭的原因并不是因为它们的管理层不够优秀，事实上他们非常聪明能干，可是他们却犯了一个非常低级的错误，那就是他们盲目地跟风同行公司的业务。结果，一家投资银行倒了，其他家也跟着倒下了。

能够帮助企业渡过难关

管理层是否优秀，在企业陷入困境时体现得更为明显。越是优秀的管理层，越能够让企业起死回生，峰回路转。投资者就应该寻找具有这种优秀经理人的企业。

1987 年巴菲特在致股东信里写道："接下来是一点记忆回顾。大部分伯克希尔公司的大股东是在 1969 年清算巴菲特合伙事业时取得本公司股份的。这些合伙的伙伴可能还记得当初在 1962 年，我们控股的登普斯特农用机具制造公司经营出现了很多问题。就像现在一样，当我解决不了问题的时候我就会去找芒格，芒格向我推荐了一位他在加州的朋友哈里。一星期后，他就来到内布拉斯加州来管理登普斯特公司，很快很多问题立刻得到了解决。"

巴菲特认为，优秀的管理层对企业来说不可或缺，无论企业优秀与否，每个企业都有可能陷入困境。很多时候只有这些优秀的管理层才让企业死里逃生，渡过难关。

在巴菲特的伯克希尔王国中，存在着很多优秀的管理层。巴菲特觉得，如果企业的资质很好，那么由普通的管理层管理企业一段时间，也不会发生什么大问题。就像巴菲特说的，如果让他那憨厚的表弟去管理可口可乐一段时间，可口可乐公司也不会发生什么大问题，最多就是业务轻微下滑，根本不会伤着可口可乐的根基。但是，一旦企业遇到问题，这时候优秀的管理层就显得非常重要。只有优秀的管理层才能够带领企业克服困难，重获活力，而这是普通管理层无法做到的。

哈里就是一位巴菲特认为非常优秀的经理人。1962 年，巴菲特控股的登普斯特农用机具制造公司经营出现重大问题。在芒格的力荐下，巴菲特邀请哈里来管理登普斯特公司，结果哈里很快就带领公司走出了困境，迈上了正轨。1986 年，伯克希尔旗下的 K & W 公司也遇到了经营的难题。K & W 公司是一家专门生产自动机具的小公司。以前这家公司的经营业绩都还不错，可是，在 1985～1986 年间经营突然发生了状况，当时的公司管理层放弃生产一直销售良好的产品，盲目追求依照实力却达不到的产品。看到 K & W 公司陷入这样的困境，负责监督 K & W 的芒格又一次找到哈里，聘任哈里为该公司的 CEO。哈里的表现依然那么出色。很快 K & W 公司的经营问题就解决了。1987 年，K & W 的盈利水平就创下新高，净利润比 1986 年增长了 3 倍，而且产品库存和应收账款也少了 20%，不但一举摆脱了原来的困境，还使 K & W 公司的发展更上一层楼。看到哈里如此出色的表现，巴菲特幽默地说，如果伯克希尔公司在今后的 10 年或 20 年中也遇到了同样的经营问题，不用说大家也知道他会打电话找谁了。巴菲特的话很显然就是找哈里这个能帮助企业渡过难关的优秀经理人。

第四章 巴菲特教你读财报

第一节 损益表项的六条信息

好企业的销售成本越少越好

只有把销售成本降到最低，才能够把销售利润升到最高。投资者要远离那些销售成本过高的公司，选择那些销售成本比较低的公司。尽管产品销售成本就其数字本身并不能告诉我们公司是否具有持久的竞争力优势，但它却可以告诉我们公司的毛利润大小。

损益表（单位：百万美元）

收入 10000

－ 销售成本 3000

毛利率 7000

巴菲特在分析公司是否具有持久竞争优势时，总是从公司的损益表入手，因为损益表可以让投资者了解该企业在一段时期内的经营状况。一般企业会在每个季度末或者年末披露这些信息。

在研究那些优质企业时，巴菲特发现，通过分析企业的损益表就能够看出这个企业是否能够创造利润，是否具有持久竞争力。企业能否盈利仅仅是一方面，还应该分析该企业获得利润的方式，它是否需要大量研发以保持竞争力，是否需要通过财富杠杆以获取利润。通过从损益表中挖掘的这些信息，可以判断出这个企业的经济增长原动力。因为对于巴菲特来说，利润的来源比利润本身更有意义。

在损益表中，总收入下面一行指的就是销售成本，也被称为收入成本。销售成本可以是一个公司其销售产品的进货成本，也可以是制造此产品的材料成本和劳动力成本。

巴菲特在1985年的信中说："在新闻事业方面一样很难增加发行量，虽然广告量略增，但主要来自夹报部分，报纸版面上的广告却减少了。前者的利润远比后者低，且竞争较激烈，所幸去年成本控制得当使得家庭用户订阅数颇好。"

巴菲特认为，要想成为一个优秀的企业，首先需要做到的就是节约成本，尤其是销售成本。因为每个企业时时刻刻都在销售产品，销售成本在整个企业中所占的比重非常大。

所谓销售成本，是指已销售产品的生产成本或已提供劳务的劳务成本以及其他销售的业务成本。销售成本包括主营业务成本和其他业务支出两部分，其中，主营业务成本是企业销售商品产品、半成品以及提供工业性劳务等业务所形成的成本；其他业务支出是企业销售材料、出租包装物、出租固定资产等业务所形成的成本。

S公司是我国铅酸蓄电池行业经营规模最大的企业之一。S公司注册资本是1.3亿元，总资产约13亿元，年营业额近20亿元。但是随着S公司销售额的迅速增长，一直沿用的销售模式和业务流程使得销售成本一直居高不下，主要体现在该公司设立销售分支机构太多，而且机构设置不太合理，浪费了很多资金。此外，该公司规定销售人员有权利报销差旅费、话费等销售费用，很多销售人员就大肆铺张浪费，一点儿都不节约。虽然该公司的营业额增长很快，但是净利润增长率幅度很低，甚至在行业竞争激烈时还出现过只见销量增长不见利润增长的局面。而造成这样的局面最主要的原因就是该公司的销售成本过高。

作为美国第三大汽车公司的克莱斯勒有限责任公司，由沃尔特·克莱斯勒创建于1925年。它曾经一度超过福特，成为美国第二大汽车公司。2009年4月30日，克莱斯勒公司宣布破产。克莱斯勒竟成为第一个轰然倒下的汽车业巨头，其罪魁祸首并非金融危机，而是销售成本过高。美国汽车的销售网络从50年前就开始建立，那时的公路网络没有现在这样发达，30公里的路对很多人来说是很长的距离，汽车公司不得不在很短的距离内就建立一个特许经销店，以满足汽车消费者的需求。而现在，公路已经建设得四通八达，以往建立的经销网点就显得太密集，管理成本太高了。2006年，克莱斯勒在美国的经销商有3749家，总销售量为214万辆，平均每家卖出570辆汽车；而丰田在美国的经销站只有1224家，总销售量为205万辆，平均每家卖出1675辆汽车，是克莱斯勒的近3倍。过于密集的销售网点使克莱斯勒产品的销售成本大大提高，而这直接造成两种后果：一方面使产品的价格难以在市场上形成有力的竞争；另一方面也使得公司用于研发的资金比例少于丰田等日本竞争对手。最终高昂的销售成本把克莱斯勒逼到了破产。

长期盈利的关键指标是毛利润/毛利率

企业的毛利润是企业的运营收入之根本，只有毛利率高的企业才有可能拥有高的净利润。投资者在观察企业是否有持续竞争优势时，可以参考企业的毛利率。

巴菲特在1999年为《财富》杂志撰文指出："根据去年的财报，全国最大的家具零售商Levitz自夸其产品价格比当地所有传统家具店便宜很多，该公司的毛利率高达44.4%，也就是说消费者每付100美元所买的商品，公司的成本只要55.6美元。而内布拉斯加家具店的毛利润只有前者的一半。"

显然巴菲特认为，在考察一个公司是否具有持续竞争优势时，毛利润和毛利率是两个关键的指标。

毛利润是指总收入减去产品所消耗的原材料成本和制造产品所需要的其他成本。它不包括销售费用和一般管理费用、折旧费用和利息支出等。例如一件产品的售价为50元，原材料成本和制造产品的成本总和为30元，则该产品的毛利润为20元。毛利率指的是毛利与营业收入的百分比，用公式表示为：毛利率＝毛利润/营业收入×100％。

巴菲特认为，毛利率在一定程度上可以反映企业的持续竞争优势如何。如果企业具有持续的竞争优势，其毛利率就处在较高的水平。如果企业缺乏持续竞争优势，其毛利率就处于较低的水平。

如果企业具有持续的竞争优势，企业就可以对其产品或服务自由定价，让售价远远高于其产品或服务本身的成本，就能够获得较高的毛利率。例如可口可乐公司的毛利率为60％左右，箭牌公司的毛利率为51％，债券评级公司的毛利率为73％，柏灵顿北方圣太菲铁路运输公司的毛利率为61％。

如果企业缺乏持续竞争的优势，企业就只能够根据产品或服务的成本来定价，赚取微薄的利润。如果同行采取降价策略，企业也必须跟着降价，这样才能够保持市场份额，毛利率就更低了。很多缺乏持续竞争优势的企业的毛利率都很低。例如通用汽车制造公司的毛利率为21％，美国航空公司的毛利率为14％，美国钢铁公司的毛利率为17％，固特异轮胎公司的毛利率为20％左右。

巴菲特认为，如果一个公司的毛利率在40％以上，那么该公司大都具有某种持续竞争优势。如果一个公司的毛利率在40％以下，那么该公司大都处于高度竞争的行业。如果某一个行业的平均毛利率低于20％，那么该行业一定存在着过度竞争。例如航空业、汽车业、轮胎业都是过度竞争的行业。

毛利率指标检验并非万无一失，它只是一个早期检验指标，一些陷入困境的公司也可能具备持久竞争优势。因此，巴菲特特别强调“持久性”这个词，出于稳妥考虑，我们应该查找公司在过去10年的年毛利率，以确保其具有“持续性”。巴菲特知道在寻找稳定竞争优势的公司时，必须注意持续性这一前提。

毛利率较高的公司也有可能会误入歧途，并且丧失其长期竞争优势，一是过高的研究费用，其次是过高的销售和管理费用，还有就是过高的债务利息支出。这三种费用中的任何一种过高，都有可能削弱企业的长期经济原动力。很多高毛利率的企业，将大量的毛利润投入在研发、销售和一般管理上，使得净利润减少很多。另外，有些企业的高额利息支出也吞噬了一部分毛利润。

特别关注营业费用

巴菲特认为，企业在运营的过程中都会产生营业费用。营业费用的多少直接影响企业的长期经营业绩。

损益表（单位：百万美元）

毛利润 7000

－ 营业费用 { 销售费用及一般管理费用 2100；研发费 1000；折旧费 700 }

营业利润 3200

巴菲特在1989年致股东的信中说：“如果你没有到过那里，你一定无法想象有珠宝店像波珊那样，销量非常大，在那里你可以看到各式各样、各种价格的种类，而它的营业费用开销大概只有一般同类型珠宝店的1/3。对于费用的严格控制，加上优异的采购能力，使得它所销售的珠宝比其他珠宝店价格便宜很多，而便宜的价格又总能吸引更多的顾客上门，良性循环的结果使得该店在旺季的单日人流量高达4000人。”

营业费用是指企业在销售商品过程中发生的各项费用以及为销售本企业商品而专设的销售机构（含销售网点、售后服务网点等）的经营费用。商品流通企业在购买商品过程中发生的进货费用也包括在营业费用之中。营业费用一般包括以下5个方面的内容：

（1）产品自销费用：包括应由本企业负担的包装费、运输费、装卸费、保险费。

（2）产品促销费用：为了扩大本企业商品的销售而发生的促销费用，如展览费、广告费、经营租赁费（为扩大销售而租用的柜台、设备等的费用，不包括融资租赁费）、销售服务费用（提供售后服务等的费用）。

（3）销售部门的费用：一般指为销售本企业商品而专设的销售机构（含销售网点、售后服务网点等）的职工工资及福利费、类似工资性质的费用、业务费等经营费用。但企业内部销售部门属于行政管理部门，所发生的经费开支，不包括在营业费用中，而是列入管理费用。

（4）委托代销费用：主要指企业委托其他单位代销按代销合同规定支付的委托代销手续费。

（5）商品流通企业的进货费用：指商品流通企业在进货过程中发生的运输费、装卸费、包装费、保险费、运输途中的合理损耗和入库前的挑选整理费等。

营业费用过高，就会在很大程度上影响企业的整体效益。例如2005年江中药业的主营业务收入为9.8亿元，毛利润为6.3亿元，毛利率高达64.58%。按理说这样的毛利率相当高，企业的整体效益应该很好。但是由于投入了大量资金在电视广告和渠道建设上，江中药业的营业费用高达4.1亿元，占到毛利润的65%。一旦销售业绩下滑，江中药业很有可能会负荷不了这么高的营业费用，出现资金缺口。从这一点上看江中未来的发展前景很有可能受制于营业费用过高的风险。

衡量销售费用及一般管理费用的高低

在公司的运营过程中，销售费用和一般管理费用不容轻视。投资者一定要远离那些总是需要高额销售费用和一般管理费用的公司，努力寻找具有低销售费用和一般管理费用的公司。一般来说，这类费用所占的比例越低，公司的投资回报率就会越高。

巴菲特在 1983 年致股东们的信中说："我们面临的另一个问题，如上表中可看到的是我们实际售出的糖果磅数停滞不前，其实这也是这个行业普遍遇到的困难，只是过去我们的表现明显胜于同行，现在却一样凄惨。过去四年来我们平均每家分店卖出的糖果数事实上无多大变化，尽管分店数有所增加，但销售费用也同样增加。"

巴菲特认为，一个真正伟大的企业，销售费用和一般管理费用都是非常少的。只有懂得严格控制销售费用和一般管理费用的企业，才能在激烈的市场竞争中出类拔萃。

所谓销售费用，是指企业在销售产品、自制半成品和提供劳务等过程中发生的费用，包括由企业负担的包装费、运输费、广告费、装卸费、保险费、委托代销手续费、展览费、租赁费（不含融资租赁费）和销售服务费、销售部门人员工资、职工福利费、差旅费、办公费、折旧费、修理费、物料消耗、低值易耗品摊销以及其他经费等。所谓一般管理费用，包括管理人员薪金、广告费用、差旅费、诉讼费、佣金等。

对于销售费用和一般管理费用这类费用，有人觉得没有多少，不必太计较。其实不然，像可口可乐这样的大公司，这类费用每年都高达数十亿美元，它们对整个公司的运营影响非常大。另外不同的行业不同的公司所占的比例也不尽相同。可口可乐公司每年的销售费用和一般管理费用占当年毛利润的比例几乎一直保持在59%，宝洁公司这项比例大约为61%，而穆迪公司的这项比例仅为25%。

巴菲特认为，公司的销售费用及一般管理费用越少越好。尤其在利润下滑时期，更需要好好控制这类费用，要不然公司可能就会面临倒闭或破产的危险。福特公司最近5年内每年花在销售和一般管理上的费用占到当期毛利润比例的89%～780%之间，这是一个多么庞大的比例啊！虽然当时福特公司利润下滑，毛利润减少也是一方面原因，但是在销售额减少的情况下还能保持这么高的费用比例，充分说明福特公司的管理机构和销售方式不太合理。如果福特公司就这么继续下去，而不努力减少这类费用的话，公司的利润就会慢慢被吞噬，福特公司就会一直亏损，直至破产或者倒闭。

巴菲特在寻找投资的公司时，他都会挑选销售费用和一般管理费用比较低的公司。在巴菲特看来，如果一家公司能够将销售费用和一般管理费用的比例控制在30%以下，那这就是一家值得投资的公司。例如巴菲特收购的波珊珠宝公司和内布拉斯加家具店就都是销售费用和一般管理费用非常低的公司。但这样的公司毕竟是少数，很多具有持续竞争优势的公司其比例也在30%～80%。此外，如果一家公司这类费用的比例超过80%，那么投资者几乎就可以不用考虑投资这个企业了。如果某一个行业这类费用的平均比例超过80%，那么投资者几乎可以放弃这一行业了。确实有些行业是这样的，例如航空业。

巴菲特知道，即使是销售费用及一般管理花费保持较低水平的公司，它的长期经营前景也可能被其高昂的研发费用、高资本开支和大量债务所破坏。无论股票价格如何，他都对这类公司避而远之，因为他知道，它们的内在长期经济实力如此脆弱，即使股价较低，也不能使投资者扭转终生平庸的结局。

远离那些研究和开发费用高的公司

一般来说，那些必须花费大量资金在研发部门的企业长期经营风险比较大，因为它们的未来发展前景都压在技术或者专利上。一旦发生什么技术灾难，它们很有可能一蹶不振，所以投资者投资时要尽量避开这些需要巨额研发费用的企业。巴菲特的原则是：那些必须花费巨额研发开支的公司都有在竞争优势上的缺陷，这使得它们将长期经营前景置于风险中，投资他们并不保险。

巴菲特认为，一个企业要想长远发展，就必须具有持续的竞争优势。但巴菲特比较喜欢像可口可乐公司这样的产品和几十年前一样的企业，却不喜欢那些不断依靠专利权或者技术领先而推出新产品来维持竞争优势的企业。

在巴菲特看来，这些依靠专利权或者会依靠技术领先而维持竞争优势的企业，并没有拥有真正持续的竞争优势。例如很多制药公司依靠专利权来维持竞争优势。一旦过了专利权的保护期限，这些制药公司的竞争优势就消失了，而很多高科技公司依靠技术的暂时领先而在业界取得了主导地位。一旦其他公司也研发出了同样的技术，这些公司的竞争优势也会马上消失。为了维持竞争优势，这些公司必须花费大量的资金和精力在研发新技术和新产品上，从而导致它们的净利润减少。

英特尔公司就是一个典型的例子。英特尔公司的优势就在于其半导体芯片技术。几乎80%的电脑上都安装着英特尔的处理器芯片。因为领先的半导体芯片技术，英特尔几乎独霸了处理器芯片市场。既然英特尔占据着这么大的市场份额，一般来说，英特尔的经营利润应该非常突出。可是英特尔的经营利润也仅为平均水平。而导致净利润降低的原因并不是英特尔公司的销售费用和一般管理费用，这类费用在英特尔的毛利润中所占的比例很低。对于英特尔来说，最大的开支就是研发费用，正是巨额的研发费用，拉低了英特尔的盈利水平。我们可以肯定，英特尔的产品绝对在10年内也不会落伍。但是英特尔还是需要把30％的毛利润用于技术的研发。因为一旦它停止研发，其他同行业的公司就会迎头赶上，甚至超越英特尔的技术，这样英特尔就失去了它的竞争优势。

默克公司是世界制药企业的领先者，总部设于美国新泽西州，是一家享誉国际的制药企业。默克公司每年花在研发新药上的费用大约为毛利润的29％。而且由于不断研发新产品，就需要不断重新设计和升级其产品销售计划，以至于每年默克公司需要花费毛利润的49％在销售费用和一般管理费用上。这两者加起来就占毛利润的78％了。更糟糕的是，如果默克公司放弃研发新药物，当它的专利权过期时，它的竞争优势也就随之消失了。

和这些依靠专利或技术领先而获得竞争优势的企业相比，巴菲特更喜欢那些不需要经常进行产品研发的企业。穆迪公司就是巴菲特喜欢的这种类型的企业。巴菲特一直长期持有着该公司股票。穆迪公司是一家债券评级公司，它的销售费用及一般管理费用很低，只占毛利润的25％，而且它没有研发费用，这就是巴菲特心动的理由。

不要忽视折旧费用

我们不难看出，折旧费对公司的经营业绩的影响还是很大的。在观察要投资的公司时，一定要仔细分析折旧费用这一项。企业的折旧费用所占比例越小，我们投资的风险就越低。

2007年巴菲特在致股东信中说："当我们在1996年收购飞行安全公司时，该公司的税前营运利润为1.11亿美元，固定资产净投资额为5.7亿美元。我们收购这家公司以来，该公司的折旧费用为9.23亿美元，但资本支出总额达到16.35亿美元，其中多数支出用于让模拟器跟上机型的不断发展。”

巴菲特认为，在考察企业是否具有持续竞争优势的时候，一定要重视厂房、机械设备等的折旧费。

折旧费是厂房和机械设备等在企业运营过程中发生的损耗在企业账目上的体现。一般来说，一项资产某年的折旧费用就是该资产被用在当年的生产经营活动中产生收益的那部分资产份额。其实也就是该资产对当期收益的一个成本分配。

我们可以用一个例子来说明折旧费。假设某公司购买了一台芯片生产机。该生产机价值100万美元，使用年限为10年。由于这台生产机的使用年限是10年，根据规定，某公司不可以把这100万美元的开支全部计入购买该设备的当期成本，而只能把购买成本按照10年的期限进行划分，每年计入一部分折旧费。我们最常用的方法就是每年在这台生产机上计提10万美元的折旧费。

这台芯片生产机被购买后，在资产负债表上将体现为100万美元的现金流出和100万美元的工厂和设备资产的增加。在未来的10年里，在损益表中每年都会有一笔10万美元折旧费的开支，而在资产负债表中工厂和设备资产每年都将减少10万美元。

这里有一个重点需要我们注意，那就是这100万美元的购买费用，并没有在当年全部计入购买成本，而是在未来10年里分摊计入的。也就是说，在未来10年里该公司可以使用该设备，不需要什么投入，每年的利润中有10万美元被当作折旧费了，向国家税务局上报的利润总额比实际总额减少了。有些人自作聪明，把这些折旧费又返回到利润总额中，并制定了一个新的利润指标，即息税折旧摊销前利润。如果把折旧费返回到利润中，企业可用现金就多了，就有能力偿还更多的负债，也就可以为杠杆式收购提供融资。

巴菲特认为，折旧费本身是一种真实存在的开支，因此不论用什么方式计算利润，都必须把折旧费包括进去。巴菲特觉得息税折旧摊销前利润这个指标的出现，有点儿故意迷惑投资者的意味。这个指标让投资者觉得公司的利润很高，却忽略了生产机的磨损成本。这样的后果就是企业用虚假的利润获得了很高的财务杠杆，背负很多债务。当生产机报废的时候，企业很有可能已经无法拿出钱来买新的设备了。

一般来说，越是具有持续竞争优势的企业，其折旧费所占毛利润的比例越低，例如可口可乐公司的折旧费用大约占毛利润的6%，箭牌公司的折旧费用大约为7%，宝洁公司的折旧费用大约为8%。相反，越是缺乏竞争优势的企业，其折旧费所占毛利润的比例越高。例如通用汽车的折旧费用大约占毛利润的22%～57%，差距之大，令人咂舌。

第二节　资产负债表项的六条重要信息

没有负债的企业才是真正的好企业

“好公司是不需要借钱的。”虽然我们不能绝对地从一个公司的负债率来判定公司的好坏，但如果一个公司能够在极低的负债率下还拥有比较亮眼的成绩，那么这个公司是值得我们好好考虑的。

1987年巴菲特在致股东的信里写道：“《财富》杂志里列出的500强企业都有一个共同点：它们运用的财务杠杆非常小，这和它们雄厚的支付能力相比显得非常微不足道。这充分证明了我的观点：一家真正好的公司是不需要借钱的。而且在这些优秀企业中，除了有少数几家是高科技公司和制药公司外，大多数公司的产业都非常普通，目前它们销售的产品和10年前并无两样。”

巴菲特认为，一家优秀的企业必然能够产生持续充沛的自由现金流。企业靠这些自由现金流就应该能够维持企业运营。一家优秀的企业是不需要负债的。巴菲特觉得，投资者在选择投资目标时，一定要选择那些负债率低的公司。公司负债率越高，投资风险就越大。另外，投资者也要尽量选择那些业务简单的公司。像上文提到的那些优秀企业中，大多数都还在销售着10年前的产品。

在巴菲特看来，能够每年创造高额利润的上市企业，其经营方式大多与10年前没什么差别。巴菲特投资或收购的公司大多都是这种类型的。伯克希尔公司旗下的子公司每年都在创造着优异的业绩，可是都从事着非常普通的业务。为什么普通的业务都能够做得如此成功？巴菲特认为，这些子公司优秀的管理层把普通的业务做得不再普通。他们总是想方设法保护企业本身的价值，通过一系列措施来巩固原有的优势。他们总是努力控制不必要的成本，在原有产品的基础上，不断尝试研发新产品来迎合更多的顾客的需求。正因为他们充分利用现有产业的地位或者致力于在某个品牌上努力，所以他们创造了高额利润，产生了源源不断的自由现金流，具有极低的负债率。

1987年伯克希尔公司本公司在1987年的净值增加了46400万美元，较前一年增加了19.5%。而水牛城报纸、费区海默西服、寇比吸尘器、内布拉斯加家具、史考特飞兹集团、时思糖果公司与世界百科全书公司这七家公司在1987年的税前利润高达18000万美元。如果单独看这个利润，你会觉得没有什么了不起。但如果你知道它们是利用多少资金就达到这么好的业绩时，你就会对它们佩服得五体投地了。这七家公司的负债比例都非常低。1986年的利息费用一共只有200万美元，所以合计税前获利17800万美元。若把这七家公司视作是一个公司，则税后净利润约为1亿美元。股东权益投资报酬率将高达57%。这是一个非常令人艳羡的成绩。即使在那些财务杠杆很高的公司，你也找不到这么高的股东权益投资报酬率。在全美五百大制造业与五百大服务业中，只有六家公司过去十年的股东权益报酬率超过30%，最高的一家也不过只有40.2%。正是由于这些公司极低的负债率，才使得它们的业绩如此诱人。

现金和现金等价物是公司的安全保障

巴菲特认为，自由现金流是否充沛，是衡量一家企业是否属于“伟大”的主要标志之一。而这个观点是他在对自己的经验教训进行总结的基础上得到的。在他看来，自由现金流比成长性更重要。

巴菲特在伯克希尔公司2007年致股东的一封信中说：“伯克希尔公司所寻找的投资项目，就是那些在稳定行业中具有长期竞争优势的企业。如果这些企业具有迅速成长性当然更好，可是如果没有这种成长性，只要能产生自由客观的现金流，也是非常值得的。因为伯克希尔公司可以把从中获得的自由现金流重新投入到其他领域。”

巴菲特认为，投资者购买的股票其自由现金流要持续充沛，这是考察该股票是否值得投资的很重要的一个方面。一家真正伟大的企业，自由现金流必须充沛是其前提条件之一。

现金是可由企业任意支配使用的纸币、硬币。现金在资产负债表中并入货币资金，列作流动资产，但具有专门用途的现金只能作为基金或投资项目列为非流动资产。现金等价物是指企业持有的期限短、流动性强、易于变化为已知金额的现金、价值变动风险很小的投资。一般是指从购买之日起，3个月到期的债券投资。现金等价物是指短期且具有高度流动性之短期投资，变现容易且交易成本低，因此可一同视为现金。

如果一个上市公司在短期内面临经营问题时，一些短视的投资者会因此抛售公司股票，从而压低股价。但巴菲特不会这么做，他通常会去查看公司囤积的现金或有价证券总额，由此来判断这家公司是否具有足够的财务实力去解决当前的经营困境。

如果我们一家公司持有大量现金和有价证券，并且几乎没有什么债务的话，那么这家公司会很顺利度过这段艰难时期。而一旦现金短缺或者没什么现金等价物的话，即使公司经理层再有能耐，也不可能挽回公司倒闭的局面。由此可见，现金和现金等价物是一个公司最安全的保障。

从 2008 年的全球金融危机来看，那些拥有大规模现金的公司在金融危机中可采取的应对策略也更灵活一些。一家咨询公司的高级战略分析师说，如果一家公司拥有足够的资金，那么这家公司在当前的市场环境中将占有极大的有利位置。当前，许多优质资产的价格已经跌到了谷底，更为重要的是，这些公司都有意接受来自投资者的报价。

对公司而言，通常有三种途径可以产生大量现金。首先，它可以向公众发行出售新的债券或者股票，所融得的资金在使用之前会形成大量的库存金；其次，公司也可以通过出售部分现有业务或其他资产，出售获得的资金在公司发现；再次，公司一直保持着运营收益的现金流入大于运营成本的现金流出，也会产生一部分现金收入。如果一家公司能通过这三种方式持续地运营带来大量的现金积累，就会引起巴菲特的注意，因为这类公司往往具有持续性竞争优势。

在巴菲特眼里的优秀公司原型就是伯克希尔公司旗下的国际飞安公司（FSI）。伯克希尔公司 1996 年收购该公司时，它的税前利润还只有 1.11 亿美元，固定资产净投资 5.7 亿美元。而在伯克希尔公司收购该公司后的 10 年间，该公司资产折旧 9.23 亿美元，资本投入 16.35 亿美元，其中绝大部分都是用来配套那些飞行模拟器的。2007 年该公司税前利润为 2.7 亿美元，比 1996 年增加了 1.59 亿美元，不过与时思糖果公司相比还是逊色多了。

巴菲特眼里的糟糕公司，是那种成长速度很快，可是却需要大量资本投入才能维持其原有发展速度、利润很少甚至根本就不赚钱的企业。美国航空公司就具有这种公司的典型性，从第一架飞机诞生的时候开始，就决定了航空公司需要源源不断地投入资金，有时候根本就不创造利润。

债务比率过高意味着高风险

负债经营对于企业来说犹如“带刺的玫瑰”。如果玫瑰上有非常多的刺，你怎么能够确信自己就能小心地不被刺扎到呢？最好的方法就是，尽量选择没有刺或者非常少刺的企业，这样我们的胜算才会大一些。

巴菲特认为，一个好的企业并不需要很高的负债率。如果一个企业拥有很高的负债率，企业面临的风险就比较大，就像一辆不安全的车驶过一条坑坑洼洼的路一样，处处充满了危机。投资者在购买股票时一定要尽量避开负债率很高的企业。

很多人信奉现在的负债经营理论。他们认为，负债经营不但可以有效地降低企业的加权平均资金成本，还可以通过财务杠杆，为企业带来更高的权益资本的收益率。但巴菲特认为，负债经营并不是很稳妥的经营方式。巴菲特认为，只要是好公司或是好的投资决策，即使不靠财务杠杆，最后也一定能够得到令人满意的结果。如果为了一点儿额外的报酬，就将企业机密信息暴露在不必要的风险下是非常愚蠢的。

坦帕湾地方电视台的并购案就是一个负债过高的典型案例。由于举债过高，坦帕湾地方电视台一年所需要支付的利息甚至超过它全年的营业收入。换句话说，即便该电视台没有任何人工、设备、服务等成本费用，这家电视台一年下来依然是亏损的。如此下来，坦帕湾地方电视台似乎也就只有破产一条路可走了。

1997年八佰伴国际集团宣布破产。闻名于日本乃至世界的八佰伴集团发展历史曲折艰辛，充满传奇，它的创始人阿信之子、和田一夫，将八佰伴从一个乡村菜店开始，一步步发展成日本零售业的巨头。在全盛期，八佰伴拥有员工近3万人，在世界上16个国家和地区拥有450家超市和百货店，年销售额达5000多亿日元。八佰伴破产，正值亚洲国家和地区受金融风暴冲击、经济向下调整时期，虽然有种种外部不利因素导致八佰伴经营的失败。然而主要的原因却是八佰伴扩张速度过快，负债率过高。据香港八佰伴的年报资料，在1988年八佰伴应付贸易欠账只有300多万元，不足1%的营业额。但到1997年，八佰伴拖欠的应付贸易账，已增至近5.5亿港元，相当于营业额的13.5%，总负债更高达10.24亿港元。最终八佰伴不堪重负，无奈以破产结尾。

负债率依行业的不同而不同

不同行业的企业负债率是不同的。即使在同一个行业里，不同时期的负债率也会有所不同。在观察一个企业的负债率的时候，一定要拿它和同时期同行业的其他企业的负债率进行比较，这才是比较合理的。

巴菲特在1990年的信里说："现金就是现金，不论它是靠经营媒体得来的，还是靠钢铁工厂得来的，都没有什么两样。但在过去，同样是1元的利润，我们大家都会看重媒体事业，因为我们觉得不需要股东再投入资金媒体事业就会继续成长，而钢铁业就不行。不过现在大家对于媒体事业的看法也渐渐变为后者了。"

巴菲特认为，虽然好的企业负债率都比较低，但不能把不同行业的企业放在一起比较负债率。我们不能把媒体业和钢铁业放在一起来比较负债率。不同行业的负债率高低完全不一样。

在过去，投资者都认为电视、新闻、杂志等媒体行业是值得投资的好行业。因为在过去媒体行业一般不需要负债经营，它们能够完全不依靠外来资金投入就可以一直以每年6%的增长速度发展，而且也不需要很多运营资金。可是最近几年，媒体行业的发展开始慢慢发生变化，而且在未来的日子里会发生更剧烈的变化。

巴菲特认为，媒体企业账面上的利润其实就相当于企业的自有资金。如果企业能够每年都增加6%的现金流，我们以10%的折现率把这种现金流进行折现，那么100万美元的税后净利润就相当于一次性投入2500万美元所得到的收益。但如果企业不能每年都增加6%的现金流，那么企业每年就必须保留一部分利润资金用于追加投入。显而易见，如果企业每年都可以提供6%的现金流增长率，企业不仅不需要负债，还有闲散资金可以支配；但是如果企业无法稳定提供6%的现金流增长率，那么该企业为了补充流动资金，就必然要负债。由于行业周期性经济不景气，很多媒体行业的企业都陷入了负债的困境。不少企业因为前期负债率过高，导致实际盈利水平大幅度降低。甚至有的企业每年的营业收入还不足以偿还当年利息。

巴菲特在媒体行业有着很多投资。例如《水牛城日报》公司、《华盛顿邮报》公司、美国广播公司等都是伯克希尔公司旗下的子公司。虽然整个媒体行业利润下降不少，但由于美国广播公司和《华盛顿邮报》公司两家企业的负债率都很低，公司账面上的现金余额就足以偿还所有债务，所以它们轻松地度过了行业经济危机。

在巴菲特看来，有些企业的经理层明知企业无法承担过重的负荷，还一直借很多债，这是非常不负责任的行为。巴菲特从来不允许他旗下的那些子公司这样做。即使是“霹雳猫”保险业务的损失理赔上限金额很大，“霹雳猫”保险公司的负债率也是很低的。

负债率高低与会计准则有关

不同的会计准则能够把同一份数据计算出相差甚远的结果。所以在分析要投资的企业时，一定要尽量了解该公司使用的是哪个会计准则。如果该公司有下属公司，那么一定要注意该公司报表中是不是把所有子公司的所有数据都包含在内了。

巴菲特在 2003 年写给股东的信里说：“受限的投票权使得我们没法将美中能源的财务状况以非常精确的方式列入财务报表。按照会计原则我们只能按投资比例列出该公司的投资金额及损益，而没办法把该公司所有的资产负债和盈利损益都纳入伯克希尔公司财务报表。也许在将来的某一天，会计法则会发生重大改变或者公共事业持股公司法案被取消，到那时我们就可以把美中能源所有的财务数据都列入伯克希尔公司的财务报表里，当然，也包括美中能源的融资负债的情况。”

巴菲特认为，在考察公司的负债率有多高的时候，不仅要注意财务报表中的账面数字，还要了解该企业使用的会计准则。对于相同的账面数据，根据不同的会计准则也许就会计算出两个截然不同的企业负债率。

就拿巴菲特所在的伯克希尔公司为例，如果我们单从伯克希尔公司的报表数据来考察伯克希尔公司的负债率，得出的结论就不是很准确的。因为美中能源控股公司是伯克希尔公司投资的公司。通过美中能源公司，伯克希尔公司拥有英国第三大电力公司约克夏电力公司、北方电力公司、美国爱荷华州美中能源公司、肯特河及北方天然气管道输送线等很多公共事业公司的股份。一般来说，这些公用事业股份的营业收入、经营利润、负债率等财务状况都应该反映在伯克希尔公司的报表中。但是受美国的公共事业持股公司法案限定，能够反映在伯克希尔公司报表里的数据只是这些公共事业实际数据很小的一部分。

美中能源公司的负债率相对来说是高了一些。但这并不意味着巴菲特也开始青睐负债率高的公司了。其实不然，巴菲特在 2005 年伯克希尔年报中提到，伯克希尔公司一般不会负债，只有在三种特殊情况下才会考虑负债：第一种情况是需要利用回购协议来作为某种短期投资策略；第二种情况是为了更清晰地了解风险特征的带息应收账款组合而借债；第三种情况是即使一些负债数据显示在伯克希尔公司报表中，但实际负债和伯克希尔公司毫不相干。

巴菲特之所以愿意容忍美中能源公司相对较高的负债率，一方面是因为，目前美中能源公司的负债规模也没有很大。即便是在最严峻的经济形势下，其多元化且稳定的公用事业营运也可以累计足够的利润来偿还所有的债务。另一方面，美中能源公司的债务向来就不是伯克希尔公司的责任，现在不是，以后也不会是。再者说，美中能源最大的债主就是伯克希尔公司，即使出现了最糟糕的状况，美中能源也不必担心像其他企业一样被别人追债。

第三节　现金流量表里面的六个秘密

自由现金流充沛的企业才是好企业

向巴菲特学习，认真估算每一只股票每年的现金流入和流出状况。虽然这样比较保守，也无法做到非常精确，但只有这样做，我们才能够找到真正适合投资的企业。

2000年巴菲特在致股东的信里写道："扣除税赋因素不考虑，我们评估股票和企业的方法并没有两样，从古到今，我们评估所有金融资产的方法就从来没有改变过。这个方法可以追溯到公元前600年的《伊索寓言》。在《伊索寓言》里，那不太完整但历久弥新的投资理念就是'两鸟在林不如一鸟在手'。如果进一步弄明白这个理念，就有三个问题需要回答：树林里有多少只鸟？这些鸟什么时候会出现？捕捉一只鸟的成本是多少？如果你能够考虑清楚以上三个问题，那么你就可以知道这个树林最高的价值是多少，以及你可以拥有多少只鸟。当然了，这里的鸟只是比喻，真正实际的标的是金钱。"

巴菲特认为，一个企业是否值得投资，要分析该企业的自由现金流是否持续充沛。上市公司就好比"树林"，自由现金流就好比"树林里的小鸟"。而投资者的目标就是以最少的成本在树林里捉到尽可能多的小鸟。只有当你了解树林里一共有多少只小鸟，你才能了解该股票具有多大的投资价值；只有当你了解树林里的小鸟有几只会出现在你面前，什么时候会出现在你面前，你才能了解你能获得多大的投资报酬。除此之外，还需要考虑你的捕鸟成本。如果你用很高的成本捕捉到了这些小鸟，那么这样的"捕鸟"行为依然是不值得的。其实也就是说，你要把你的投资成本和国债报酬率进行对比，只有当你的投资回报率超过了国债报酬率，你才值得投资该企业。当然了，自由现金流这一投资理念不仅仅适合于股票投资，同样适合于农业、油田、彩票、企业投资等方面。

在巴菲特看来，很多股票分析员喜欢用所谓的技术指标来分析股票是否值得投资，例如股利报酬率、成长率、本金收益比等，这样的分析是没有道理的。巴菲特认为，除非这些指标能够为计算企业未来的现金流入流出提供一些线索，否则这些技术指标没有任何意义，甚至还会误导投资者。巴菲特认为，只有自由现金流是投资者能够真真实实拥有的东西。

虽然现在股票市场上很流行投机主义，很多人只关心会不会有别人以更高价格把股票从自己手上买走，但这不是他喜欢做的事情。巴菲特觉得就像如果树林里没有鸟，你捕不到鸟一样，如果企业根本不产生自由现金流，投资者怎么能奢求从中获利呢？获利的只可能是那些利用市场泡沫创造出来的泡沫公司而已。只有企业拥有充沛的自由现金流，投资者才能从投资中获得回报。

有雄厚现金实力的企业会越来越好

在选择投资企业时，我们要充分考虑企业的自由现金流是否充沛。另外，作为普通投资者，我们也应该尽量保持手中拥有比较充沛的现金。这样不仅可以让我们的生活安稳一些，也可以避免我们碰到适合的投资机会却没有钱进行投资。

1996年巴菲特在致股东的信里写道："在'霹雳猫'保险业务中，我们主要有三个竞争优势。首先向我们投保再保险的客户都相信我们的能力。他们知道即使在最糟糕的情况下我们也会履约付款。他们知道如果真的发生什么大灾难，也许金融危机就会接踵而来。到那时可能连一些原本享有盛誉的再保险公司也拿不出钱来。而我们之所以从来不把风险再转嫁出去，因为我们对灾难发生时其他再保险公司的支付能力持保留态度。"

巴菲特之所以对其他再保险公司支付能力持保留态度，是因为巴菲特觉得其他再保险公司的自有资金流都远远比不上伯克希尔公司。巴菲特认为，投资者购买的股票其自由现金流是否持续充沛，这是考察该公司是否值得投资的最重要的一个方面。企业只有拥有充沛的自由现金流，才可以在该领域更好地施展身手。

一直以来，巴菲特对保险业都保持浓厚的兴趣。在巴菲特看来，保险公司可以产生充沛的自由现金流。保险客户支付保费，提供了庞大的经常性的流动现金，保险公司可以把这些现金再加以投资。巴菲特认为，投资保险业，一来可以获得稳健经营的保险公司，二来可以获得投资所需的丰厚资金。

但巴菲特也深刻明白：投资保险业务，拥有充沛的自由现金流是非常重要的。自由现金流持续充沛的上市公司必然具备强大的财务实力，而这种财务实力反过来又会促使该企业承接到实力较小的同行所无法企及的业务，显示出强者更强的“马太效应”来。正因为伯克希尔公司拥有强大无比的自由现金流，接下了许多别人不敢接的大订单，例如一些超大型特殊风险，通常是其他再保险公司无法承担的灾难性风险，如加州大地震，以及其他一些非常特别的保单，使伯克希尔公司成为美国最大的再保险公司。

2003年百事可乐公司举办过一次中奖活动，活动的每位参加者都有机会获得10亿美元的大奖。10亿美元可不是一笔小数目，于是百事可乐公司就想到了找一家保险公司来分散这种风险，而它们最先想到的就是伯克希尔公司。伯克希尔公司独立承担了这次中奖活动的所有风险。2003年9月14日中奖活动正式举行，令伯克希尔公司感到幸运的是10亿美元大奖并未被抽走。如果某位幸运顾客真的抽到了10亿美元大奖，即便是分期付款，伯克希尔公司也要马上掏出数亿美元。放眼望去，能够马上拿出数亿美元现金的公司真没有几家。

巴菲特曾经说过，伯克希尔公司在保险方面的最大优势就是，公司拥有雄厚的现金实力做保证，几乎可以将所有风险独自承担下来，而不像大多数再保险公司，很多风险都还要与其他再保险公司共同承担。这样风险自然小了，但与之相应的是利润也降低了。

自由现金流代表着真金白银

投资者在选择企业时要注意：如果一个企业能够不依靠不断的资金投入和外债支援，光靠运营过程中产生的自由现金流就可以维持现有的发展水平，那么这是一个值得投资的好企业，千万不要错过。

巴菲特用他 2.3 亿美元的现金流购买了斯科夫·费策公司，在 15 年时间里就赚取了 10.3 亿美元的利润。而这 10.3 亿美元的现金流，又被巴菲特投资到其他企业赚取了几十亿美元的利润。这也许就是为什么巴菲特会坚持认为自由现金流是真金白银的原因吧。

在巴菲特眼里，真正值得投资的好企业就是这样。在企业运转的过程中，企业自身就可以产生充沛的自由现金流，不用靠投资者后续投入，也不用靠企业负债经营，就可以实现稳定发展，甚至推动经营业绩和自由现金流的增长。

很多人经常预测分析宏观经济形势，根据国家政策和经济形势的变化来选择投资的股票。但巴菲特认为，拥有充沛的现金流是他选择企业考虑的重要因素。宏观经济形势并不太影响他做出投资的决定。

巴菲特购买时思糖果就是一个典型的例子。1972 年当伯克希尔公司准备购买时思糖果公司的时候，巴菲特就听闻政府要对糖果实施价格管制，但他依然没有改变自己的决定。果不其然，当他购买后不久政府就实施了价格管制。可是巴菲特一点儿都不后悔。如今回头来看，如果当初伯克希尔公司因为政府实行价格管制而放弃时思糖果公司，那么一个绝好的投资机会就会与他擦肩而过。毕竟当初巴菲特以 2500 万美元购买的时思糖果公司，现在每年的税前利润高达 6000 万美元。

1987 年，巴菲特在给股东的信中提：伯克希尔公司投资的

7个主要的非金融行业企业，获得高达1.8亿美元的税前收入。就算扣除了所得税和利息，也还有1亿美元的净利润。这些企业的股东权益投资报酬率平均高达57%，远高于账面价值增长率。之所以会出现这样的情形，巴菲特认为这与企业能够产生源源不断的自由现金流是密切相关的。

再比如巴菲特罕见的一次高科技投资案例，看重的也是其充沛的自由现金流。1999年当巴菲特买入TCA电信时，巴菲特觉得其价格已经不太具有诱惑性，但TCA电信每年1亿美元以上的自由现金流成功地吸引了巴菲特的目光。当然对于巴菲特来说，这依然是一次成功的投资。2005年COX电信巨资收购了TCA电信，巴菲特大赚一笔后成功退出。

伟大的公司必须现金流充沛

自由现金流非常重要。在选择投资对象的时候，我们不要被成长率、增长率等数据所迷惑，只有充裕的自由现金流才能给予投资者真正想要的回报。这是巴菲特用惨痛的教训告诉我们的，我们一定要铭记于心。

巴菲特在2007年致股东信里说："伯克希尔公司一直在努力寻找能够在特定行业中具有长期竞争优势的企业。如果这些企业具有成长性，我们自然非常高兴。不过如果没有成长性也没有关系，只要企业能产生源源不断的自由现金流，我们也愿意投资。因为伯克希尔公司可以把从这些企业获得的自由现金流重新投入到其他企业再赚取利润。"

巴菲特认为，现金流就好像企业的血液，那些依靠不断输血的企业必然活不长久，只有血液旺盛的企业才能够活得更久。真正伟大的业务不仅仅能够从有形资产中获得巨大回报，而且不需要依靠后续的投入就能够维持业务的正常运转。因此具有充沛的自由现金流是一家真正伟大的企业必备条件之一。这样的企业就可以把获得的利润重新投资赚取更多的利润。

伯克希尔公司就是一个很好的例子。伯克希尔公司的股价之所以能够全球第一，这与伯克希尔公司始终拥有相当比例的现金是分不开的。因为伯克希尔公司具有充沛的自由现金流，所以伯克希尔公司可以在股市低迷时抄底股市，获得更好的投资良机和更高的投资回报率。而伯克希尔公司充沛的现金来源于它控股或者投资的几十家企业。

在巴菲特的心目中，时思糖果公司就是一个伟大的公司。当 1972 年巴菲特收购时思糖果公司时，由于美国人均消费巧克力量非常低，时思糖果公司所在的盒装巧克力行业发展缓慢，当时时思糖果公司的税前利润还不到 500 万美元，所以巴菲特花费了 2500 万美元就把时思糖果公司买下了。在收购的几十年里，巴菲特只在最初的时候投了 3200 万美元对时思糖果公司进行改造，后来就没有再投入过一分钱。现在时思糖果公司的税前利润已经达到 13.5 亿美元。而这些利润大部分都上交给了伯克希尔公司，巴菲特用这些资金再继续进行投资。由此可见，时思糖果公司在某种程度上就是伯克希尔公司的取款机，为伯克希尔公司源源不断地输送新鲜的血液。时思糖果公司的伟大之处就在这里。当大多数企业需要 4 亿美元的投入才能够实现税前利润从 500 万美元增长到 8200 万美元时，时思糖果公司不仅不需要投资，还为伯克希尔公司提供源源不断的自由现金流。

如果企业成长速度很快，可是却需要大量资本投入才能维持其原有发展速度，在巴菲特眼里就是不值得投资的糟糕公司。美国航空公司就是巴菲特眼中的糟糕公司。巴菲特曾在 2008 年致股东信中这么评价航空业：“自从第一架飞机诞生以来，航空业就需要投入源源不断的资金来维持。很多投资者受到其增长率数据的吸引，不断地将资金投入到这个无底洞中，直至他们对这个行业感到厌恶。”1989 年巴菲特购买了美国航空公司绩优股，但没过几年，美国航空公司就陷入了失控的局面，不断亏损，都无法全额支付伯克希尔公司的股利，伤透了巴菲特的心。

有没有利润上交是不一样的

在分析企业的经营状况时，如果企业是另外一个企业的子公司，那么一定要注意观察该企业有没有把利润上交给母公司。如果该企业把大部分利润上交给母公司后，在账面上还有和同行业公司相同的业绩表现，那么你可以选择投资它。

1997 年巴菲特在致股东信里写道："很多人可能无法真正体会到伯克希尔旗下的企业的表现到底有多么出色。从表面看，《水牛城日报》公司或是斯科特·费策公司的表现和其他同行的获利都不相上下，没有任何突出之处，但是有一点需要大家注意，大部分上市公司为了维持公司的成长，通常都会保留 2/3 以上的利润，而伯克希尔旗下的大部分子公司却将其所有盈余都交回了母公司。正是它们上缴的资金，让伯克希尔得到了更好的发展。"

巴菲特认为，在考察企业的自由现金流时，一定要特别注意该公司有没有向母公司上缴利润。利润上缴与否，和企业的经营状况有很大的关系。如果公司把利润留在企业用于企业自身的发展，这对该公司未来的业绩表现会有累积作用。但是如果子公司把所有利润上缴给母公司，这样就使得本该属于这些子公司的未来业绩表现的很大一部分被转移到母公司的业绩表现上。

我们可以用很简单的一个例子来表现二者之间的差别。假设甲、乙两人每个月都能赚取 2000 元的利润。甲是上班族，每月领 2000 元工资。乙是个体经营者，每个月卖货物赚取 2000 元利润。虽然他们赚取的都是 2000 元，可是乙每个月都需要从利润中拿出 1000 元用来进货，乙真正可以消费的是 1000 元。

伯克希尔公司的强劲发展，其中很大一部分的功劳就是其旗下子公司创造的利润。斯科特·费策公司等三家企业在1997年以前的几年中就上缴了高达18亿美元利润给伯克希尔公司。正是这些资金，使得伯克希尔公司在适当时机投资了一些优秀企业，得到了很高的投资回报。难怪巴菲特经常说，伯克希尔公司非常感谢下属子公司的经理人。这些经理人创造的成就绝不仅仅是我们在账面上所能看到的业绩，他们创造的实际成绩要比这大很多。

伯克希尔公司的充沛现金流还有一个重大来源，那就是其旗下保险公司上缴的浮存金。虽然浮存金不属于公司盈利，却可以随时随地地归伯克希尔公司投资之用。据说巴菲特当时之所以投资保险业，很大原因就是他看好浮存金。目前伯克希尔公司旗下企业有一半都是保险公司，可供伯克希尔公司使用的浮存金也自然不容忽视。1967年伯克希尔公司的保险浮存金仅为2000万美元，而2005年年末已增长到490亿美元。显而易见，巴菲特手中拥有越多保险浮存金，就越有利于伯克希尔公司的发展。

第五章　巴菲特教你挑选股票

第一节　宏观经济与股市互为晴雨表

利率变动对股市的影响

对股票市场及股票价格产生影响的种种因素中最敏锐的莫过于金融因素。在金融因素中，利率水准的变动对股市行情的影响又最为直接和迅速。一般来说，利率下降时，股票的价格就上涨；利率上升时，股票的价格就会下跌。因此，利率的高低以及利率同股票市场的关系，也成为股票投资者买进和卖出股票的重要依据。

巴菲特说："20 世纪可以说是美国经济最为成功的 100 年，在这期间，美国和加拿大的人均国民生产总值都在稳步增长。但由于这期间国家经历了两次世界大战，并且经历了前所未有的经济大萧条，当时美联储的基准借贷利率最高时可达到 21％，最低时达到 1％，因此我并不十分看重利率这样的浮动因素，不过对于个人来说，利率的增减当然也是很重要的，但是不要忘记的是，无论什么时候你身上的债务也正是你拥有的资产。"

巴菲特认为金融因素极为敏感地影响股票市场及股票价格。利率水准的变动又是金融因素中最直接和迅速地影响股市行情的因素。

为什么利率的升降与股价的变化呈上述反向运动的关系呢？主要有三个原因：

（1）利率的上升，不仅会增加公司的借款成本，而且还会使公司难以获得必需的资金，这样，公司就不得不削减生产规模，而生产规模的缩小又势必会减少公司的未来利润。因此，股票价格就会下降。反之，股票价格就会上涨。

(2) 利率上升时，投资者据以评估股票价值所在的折现率也会上升，股票价值因此会下降，从而，也会使股票价格相应下降；反之，利率下降时，股票价格就会上升。

(3) 利率上升时，一部分资金从投向股市转向银行储蓄和购买债券，从而会减少市场上的股票需求，使股票价格出现下跌。反之，利率下降时，储蓄的获利能力降低，一部分资金就可能回到股市中来，从而扩大对股票的需求，使股票价格上涨。

人们也不能将上述利率与股价运动呈反向变化的一般情况绝对化。在股市发展的历史上，也有一些相对特殊的情形。当形势看好时，股票行情暴涨的时候，利率的调整对股价的控制作用就不会很大。同样，当股市处于暴跌的时候，即使出现利率下降的调整政策，也可能会使股价回升乏力。

例如，利率和股票价格同时上升的情形在美国1978年就曾出现过。当时出现这种异常现象主要有两个原因：一是许多金融机构对美国政府当时维持美元在世界上的地位和控制通货膨胀的能力有一定的疑虑；二是当时股票价格已经下降到极低点，远远偏离了股票的实际价格，从而使大量的外国资金流向了美国股市，引起了股票价格上涨。在香港，1981年也曾出现过同样的情形。当然，这种利率和股票价格同时上升和同时回落的现象至今为止也还是比较少见的。

鉴于利率与股价运动呈反向变化是一种一般情形，投资者就应该密切关注利率的升降，并对利率的走向进行必要的预测，以便抢在利率变动之前，就进行股票买卖。

对于我国的投资者而言，在对利率的升降走向进行预测时，应该关注的几项变化包括：一是贷款利率的变化情况。由于贷款的资金是由银行存款来供应的，因此，根据贷款利率的下调可以推测出存款利率必将出现下降。二是市场的景气动向。如果市场过旺，物价上涨，国家就有可能采取措施来提高利率水准，以吸引居民存款的方式来减轻市场压力。相反，如果市场疲软，国家就有可能以降低利率水准的方法来推动市场。三是国内利率水准的升降和股市行情的涨跌也会受国际金融市场的利率水准的影响。在一个开放的市场体系中，金融市场是没有国界的，海外利率水准的升高或降低，一方面对国内的利率水准产生影响，另一方面，也会引致海外资金退出或进入国内股市，拉动股票价格下跌或上扬。

通货膨胀对股市的双重影响

巴菲特对通货膨胀感到担忧，认为它是比任何税收都更具有劫掠性的一种税；如果通货膨胀失去控制，你买的国债就是废纸。不过即使在通货膨胀时期，股票可能仍然是所有有限的几种选择中最好的一种。

1979 年巴菲特在致股东的信里说："我们实际上是存在怀疑的，为什么长期的固定利率的债券仍然能够在商场上存在。当我们确信美元的购买率在变小的时候，这些美元包括政府发行的其他货币在内，都难以再作为长期的商业风向标。与此同时，长期的债券最终也会沦为壁纸，对于拥有 2010 年或 2020 年到期债券的持有人来说，他们的处境是很艰难的。"

"现在的利率已经反应出了较高的通货膨胀率，这使新发行的债券对投资者有了一些保障，这就导致我们错过债券价格反弹获利的机会，正如我们并不愿意用一个固定的价格预售出自己手中的 2010 年或 2020 年的一磅时思糖果或一尺伯克希尔生产的布料一样，我们同时也不会用固定的价格预售出未来 40 年的金钱使用权。"

巴菲特认为影响股票市场以及股票价格的一个重要宏观经

济因素是通货膨胀。这一因素对股票市场的影响比较复杂，它既有刺激股票市场的作用，又有压抑股票市场的作用。通货膨胀主要是由于过多地增加货币供应量造成的。货币供应量与股票价格一般是呈正比关系，即货币供应量增大使股票价格上升，反之，货币供应量缩小则使股票价格下降，但在特殊情况下又有相反的作用。

货币供给量对股票价格的正比关系，有三种表现：

（1）货币供给量增加，一方面可以促进企业生产，扶持物价水平，阻止商品利润的下降；另一方面使得市场对股票的需求增加，促进股票市场的繁荣。

（2）货币供给量增加引起商品的价格上涨，股份公司的销售收入及利润相应增加，从而使得以货币形式表现的股利（即股票的名义收益）会有一定幅度的上升，使股票需求增加，从而股票价格也相应上涨。

（3）货币供给量的持续增加引起通货膨胀，通货膨胀带来的往往是虚假的市场繁荣，造成一种企业利润普遍上升的假象，保值意识使人们倾向于将货币投向贵重金属、不动产和短期债券上，股票需求量也会增加，从而使股票价格也相应增加。

由此可见，货币供应量的增减是影响股价升降的重要原因之一。当货币供应量增加时，多余部分的社会购买力就会投入到股市，从而把股价抬高；反之，如果货币供应量少，社会购买力降低，投资就会减少，股市陷入低迷状态，因而股价也必定会受到影响。而另一方面，当通货膨胀达到一定程度，通货膨胀率甚至超过了两位数时，将会推动利率上升，资金从股市中外流，从而使股价下跌。

总之，当通货膨胀对股票市场的刺激作用大时，股票市场的趋势与通货膨胀的趋势一致；而其压抑作用大时，股票市场的趋势与通货膨胀的趋势相反。

举例来说，假设一个投资人的年报酬率为20%（这已是一般人很难达到的成绩了），而当年度的通货膨胀率为12%，其又不幸适用50%的所得税率，则我们会发现该投资人在盈余全数发放的情形下，其实质报酬率可能是负的，因为这20%的股利收入有一半要归公，剩下的10%全部被通货膨胀吃光，不够还要倒贴，这结局可能还不如在通货膨胀温和时投资一家获利平平的公司。

需要指出的是，分析通货膨胀对股票行市的影响，应该区分不同的通货膨胀水平。

一般认为，通货膨胀率很低（如5%以内）时，危害并不大且对股票价格还有推动作用。通货膨胀主要是因为货币供应量增多造成的。货币供应量增多，开始时一般能刺激生产，增加公司利润，从而增加可分派股息。股息的增加会使股票更具吸引力，于是股票价格将上涨。当通货膨胀率较高且持续到一定阶段时，经济发展和物价的前景就不可捉摸，整个经济形势会变得很不稳定。这时，一方面企业的发展会变得飘忽不定，企业利润前景不明，影响新投资注入。另一方面，政府会提高利率水平，从而使股价下降。在这两方面因素的共同作用下，股价水平将显著下降。

对于投资者而言，应该看到通货膨胀的双面影响，才能够抓住股价正确的变动方向。

经济政策对股市的影响

虽然货币政策和财政政策对股市的调节起着重要的作用，但是各种费率的改变能够对股民的切身利益起到直接的刺激作用。因为中国的股市还没有完全成熟，由经济政策引发股民心理上的影响也是不容忽视的，所以在经济环境改变的情况下，投资者应该密切关注经济政策对股市产生的影响。

巴菲特在2008年年度股东大会上说：“过去的一年是非常

奇异的一年，而我们的经济面对的是金融风暴。我认为政府做了正确的决策，及时地行动。但是政府未来的前景还是困难重重的。因为经济经历过金融风暴，所以没有人可以要求完美地回报。”

巴菲特在描述了他短期的痛苦之后，对长远的前景依然保持乐观的信心。但实际上在金融风暴发生的这一年对于巴菲特来说是非常艰难的一年，他的巴郡公司的投资价值损失了10%。而他本人的财富也减少了250亿美元（170亿英镑）。巴郡公司在2008年的表现是过去40年以来最差的一年，比如，他在2008年买下了石油公司Conocohillips的大笔股票，而没多久石油价格的暴跌使他损失了30亿美元。虽然面临着这么多的损失和困难，但是巴郡公司和同样在过去一年里损失惨重的其他投资公司相比，还是相对较好的。而巴菲特先生也表示他将会长期持有他所有的投资直到经济回升，也就是说直到他的投资盈利为止。

可见经济环境对股市的影响是极为严重的。但是在这种经济环境下，往往能够得到国家经济政策的刺激，这样股市的表现就能够有所转变。通常所说的经济政策包括货币政策和财政政策。

1. 货币政策对股市的影响

货币政策是政府宏观调控的基本手段之一。由于社会总供给和总需求的平衡与货币供给总量与货币需求总量的平衡相辅相成，因而宏观调控之重点必然立足于货币供给量。货币政策主要针对货币供给量的调节和控制展开，进而实现诸如稳定货币、增加就业、平衡国际收支、发展经济等宏观经济目标。

货币政策对股票市场有着非常大的影响。宽松的货币政策会扩大社会上货币供给总量，对经济发展和证券市场交易有着积极影响。但是货币供应太多又会引起通货膨胀，使企业发展受到影响，使实际投资收益率下降。紧缩的货币政策则相反，它会减少社会上货币供给总量，不利于经济发展，不利于证券市场的活跃和发展。另外，货币政策对人们的心理影响也非常大，这种影响对股市的涨跌又将产生极大的推动作用。

2. **财政政策对股市的影响**

财政是国家为实现其职能的需要对一部分社会产品进行的分配活动，它体现了国家与其有关各方面发生的经济关系。国家财政资金的来源，主要来自企业的纯收入，其大小取决于物质生产部门以及其他事业的发展状况、经济结构的优化、经济效益的高低以及财政政策的正确与否，财政支出主要用于经济建设、公共事业、教育、国防以及社会福利，国家合理的预算收支及措施会促使股价上涨，重点使用的方向，也会影响到股价。

财政规模和采取的财政方针对股市有着直接影响。假如财政规模扩大，只要国家采取积极的财政方针，股价就会上涨；相反，国家财政规模缩小，或者显示将要紧缩财政的预兆，则投资者会预测未来景气不好而减少投资，因而股价就会下跌。虽然股价反应的程度会依当时的股价水准而有所不同，但投资者可根据财政规模的增减，作为辨认股价转变的根据之一。

财政投资的重点，对企业业绩的好坏，也有很大影响。如果政府采取产业倾斜政策，重点向交通、能源、基础产业投资，则这类产业的股票价格，就会受到影响。财政支出的增减，直接受到影响的是与财政有关的企业，比如与电气通讯、房地产有关的产业。因此，每个投资者应了解财政实施的重点。股价发生变化的时点，通常在政府的预算原则和重点施政还未发表前，或者是在预算公布之后的初始阶段。因此，投资者对国家财政政策的变化，也必须给予密切的关注，关心财政政策变动的初始阶段，适时做出买入和卖出的决策。

汇率变动对股市的影响

1987年美国股票价格暴跌风潮的形成很大程度上是受外汇行情的影响。在当年全球股票价格暴跌风潮来临之前，美国突然公布预算赤字和外贸赤字，并声称要继续调整美元汇率，导致人们普遍对美国经济和世界经济前景产生了恐慌心理。

投资者需要记住的是，不能基于任何迷信的原因，比如看到某个股票的主力资金是如何强大或是技术图形是如何完美，都不应该忽视经济规律。

2004年巴菲特在致股东的信里说："截至2003年年底，伯克希尔公司共持有的外汇部分达到了214亿美元，投资组合分散到了12种外币上，在2003年，我说过类似这样的投资还是头一次，在2002年以前，伯克希尔和我都没有买卖过外汇。但是更多的迹象表明，目前我国的贸易政策将为以后几年的汇率上升不断地施加压力。

……

"但是，我们国家如今实行的贸易政策最终会将美元拖垮。美元的价值现在已经出现了大幅的下滑，并且还没有任何好转的迹象。如果政策不对，外汇市场脱序的情况仍然会不断地发生，并且在政治和金融上产生一定的连锁反应，虽然没有人能够保证会有多大层面的影响，但是政治家们不得不看到这个问题的严重性。"

汇率水平是一国宏观经济基本面的反映，而股票市场最能敏感地反映股民与一国综合经济因素之间的信心关系。一般而言，如果一国货币迅速升值，游资进入市场投机，将引发更多资金投入，从而带动股价上涨，所以汇率的剧烈变动会给股市带来很大影响。

具体来说，汇率变动对股市的影响主要体现在三个方面。

首先，汇率变动可以改善或限制上市公司的进出口状况，从而影响上市公司的经营业绩和二级市场公司股价的变化，尤其是进出口量大的外贸企业受其影响更大。

其次，汇率变动对国内经济的影响集中体现在物价上，并通过物价、国民收入间接影响国内股市。本币汇率下跌，刺激出口，削弱进口产品的购买力，增加国民收入，物价水平上涨，诱导盈余资金流入股市；反之亦然。

再次，汇率剧烈变动还可以通过资本流动来影响股票价格。一国货币大幅度贬值，意味着投资者在该国的投资预期收益会面临高额的汇兑损失，投资者如果对该国经济前景失去信心，就会抽逃资金来规避风险，从而带动其他资金出逃，致使股价下跌；同时，为避免本国货币大幅度贬值，该国政府可能需要提高利率，以留住外资支撑本币汇率。这样一来，公司经营成本会上升，利润就会减少，上市公司股票价格就会下跌。反之，如果高估本国货币的价值，提高本币的对外汇率，可以减少上市公司的生产成本，增加利润，上市公司股价就会上涨；同时也可以较低的价格购买国外企业，加速对外投资，这样上市公司资产价值提高，可以吸引更多的国际投资者购买该国公司股票，促使公司股价提高。

在当代国际贸易迅速发展的潮流中，汇率对一个国家的经济影响越来越大。任何一国的经济在不同程度上都受到汇率变动的影响。

以日本为例，第二次世界大战以后，日本经历了两次大的汇率变动，第一次是 1971 年 12 月的“斯密森协议”，日元兑美元的汇率从 360 日元上涨到 306 日元，涨幅为 18%。第二次是 1985 年 12 月的“广场协议”之后，令日元汇率在 10 年间升值近 3 倍。“广场协议”后 10 年间，日元币值平均每年上升 5%以上，无异于给国际资本投资日本的股市和楼市一个稳赚不赔的保险：即使投资的资产日元价格没有升值，也可以通过汇率变动获得5%以上的收益。而实际上日本国内由于低利率政策刺激了股市和楼市价格的快速上涨，因此国际资本投资日本股市和房市可以获得双重收益——资产价格的升值和日元的升值。

受日元升值的影响，日本股市逐渐上升，出现持续6年的激进繁荣，并且随后一直延续着涨升态势，到1989年底，日经指数平均股价创下了38957.44点的历史高点。整个上升过程，从启动到最后结束，延续了整整17年，涨幅高达19倍。可以说日元的升值，引发并强化了日本股市在20世纪70年代至80年代的历史上最长的一次牛市。但是，随后日本股市便陷入了长期的熊市，直到现在，日本股市还没有真正摆脱熊市的阴影。

随着我国的对外开放不断深入，以及世界贸易的开放程度的不断提高，我国股市受汇率的影响也会越来越显著。

经济周期对股市的影响

一般情况是企业收益有希望增加或由于企业扩大规模而希望增资的景气时期，资金会大量流入股市。但却出现萧条时期资金不是从股市流走，而是流进股市的情况，尤其在此期间，政府为了促进市场景气而扩大财政支付，公司则因为设备过剩，不会进行新的投资，因而拥有大量的闲置货币资金，一旦这些带有一定的投机性资金流入股市，则股市的买卖和价格上升就与企业收益无关。考虑到各类股票本身的特性，以便在不同的市场情况下做出具体选择才是明智的投资者。

巴菲特说过："在经济上，经济周期的变化非常重要，并且全球经济越来越表现出较强的联动性，如这次金融危机，几乎全球所有的国家都不可避免；货币政策对企业和股市的影响也很大……"

宏观经济周期的变动，或称市场景气的变动，是影响股价变动最重要的市场因素之一，它对企业运营及股价的影响极大，是股市的大行情。因此经济周期与股价的关联性是投资者不能忽视的。

从历史上出现的经济周期的结果来看，股价在一定的经济周期内都有不同的表现形式。衰退、危机、复苏和繁荣形成了经济周期的四个阶段。一般来说，在经济衰退时期，股票价格会逐渐下跌；到危机时期，股价跌至最低点；而经济复苏开始时，股价又会逐步上升；到繁荣时，股价则上涨至最高点。这种变动的具体原因是，当经济开始衰退之后，企业的产量会随产品滞销、利润相应减少，势必导致股息、红利也不断减少，持股的股东因股票收益不佳而纷纷抛售，使股票价格下跌。当经济衰退已经达到经济危机时，整个经济体系处于瘫痪状况，大量的企业倒闭，股票持有者由于对形势持悲观态度而纷纷卖出手中的股票，从而使整个股市价格大跌，市场处于萧条和混乱之中。经济周期经过最低谷之后又出现缓慢复苏的势头，随着经济结构的调整，商品开始有一定的销售量，企业又能开始给股东分发一些股息红利，股东慢慢觉得持股有利可图，于是纷纷购买，使股价缓缓回升；当经济由复苏达到繁荣阶段时，企业的商品生产能力与产量大增，商品销售状况良好，企业开始大量盈利，股票价格、股息、红利相应增多上涨至最高点。

应当看到，经济周期影响股价变动，但两者的变动周期又不是完全同步的。通常的情况是，不管处于经济周期的哪一阶段，股价变动总是比实际的经济周期变动要领先一步。即在经济衰退以前，股价已开始下跌，而在经济复苏之前，股价已经回升；经济周期未步入高峰阶段时，股价已经见顶；经济仍处于衰退期间，股市已开始从谷底回升。这是因为股市股价的涨落包含着投资者对经济走势变动的预期和投资者的心理反应等因素。

根据经济循环周期来进行股票投资的策略选择是：经济衰退期的投资策略以保本为主，投资者在此阶段多采取持有现金

（储蓄存款）和短期存款证券等形式，避免经济衰退期的投资损失，以待经济复苏时再适时进入股市；而在经济繁荣期，大部分产业及公司经营状况改善和盈利增加时，即使是不懂股市分析而盲目跟进的散户，往往也能从股票投资中赚钱。

第二节　选择成长股的六项标准

盈利才是硬道理

上市公司当期盈利质量的高低水平与公司经济价值的变动方向不一定是正相关的关系。公司当期的盈利质量可能比较高，但它的经济价值却正在下降；相反，公司当期的盈利质量可能比较低，但它的经济价值却正在上升。提前发现上市公司盈利质量的变化，对于控制投资风险是至关重要的。

巴菲特说："我想买入企业的标准之一是有持续稳定的盈利能力。"

公司盈利能力最终体现为股东创造的价值，而股东价值的增长最终体现在股票市值的增长。巴菲特在分析盈利能力时，是以长期投资的眼光来作为分析基础的，他强调说："我所看重的是公司的盈利能力，这种盈利能力是我所了解并认为可以保持的。"

巴菲特所选择的公司，它的产品盈利能力在所有上市公司中并不是最高的，但是，它们的产品盈利能力往往是所处行业的竞争对手们可望而不可即的。

巴菲特并不太看重一年的业绩高低，而更关心四五年的长期平均业绩高低，他认为这些长期平均业绩指标更加真实地反映了公司真正的盈利能力。因为公司盈利并不是像行星围绕太阳运行的时间那样是一成不变的，而是总在不断波动的。

在盈利能力分析中，巴菲特主要关注以下三个方面：

（1）公司产品盈利能力。巴菲特主要分析公司产品销售利润率明显高于同行业竞争对手，简单地说，就是公司的产品比竞争对手的更赚钱。

（2）公司权益资本盈利能力。巴菲特主要分析公司用股东投入的每1美元资本赚了多少净利润，即我们经常说的净资产收益率，巴菲特非常关注公司为股东赚钱的能力是否比竞争对手更高。

（3）公司留存收益盈利能力。这是管理层利用未向股东分配的利润进行投资的回报，代表了管理层运用新增资本实现价值增长的能力。对每1美元的留存收益，公司应该转化成至少1美元的股票市值增长，才能让股东从股市上赚到与未分配利润相当的钱。

公司产品的盈利能力主要体现在公司的销售利润率上。如果管理者无法把销售收入变成销售利润，那么企业生产的产品就没有创造任何价值。

由于巴菲特所投资的公司是那些业务长期稳定的公司，所以这些公司利润率的高低在很大程度上取决于公司的成本管理。巴菲特多年的投资经验表明，成本管理存在“马太效应”，高成本运营的管理者趋向于不断寻找办法增加成本，而低成本经营的管理者却总在寻找办法降低成本。

巴菲特认为，衡量一家公司盈利能力的最佳指标是股东收益率。高水平的权益投资收益率必然会导致公司股东权益的高速增长，相应导致公司内在价值及股价的稳定增长。长期投资于具有高水平权益投资收益率的优秀公司，正是巴菲特获得巨大投资成功的重要秘诀之一。

选择能持续获利的股票

投资者需要注意的是，只要中国经济和股市的未来看好，你就应该坚持长期投资的策略。作为一种中长期投资理财方式，投资者真正需要关注的是股票长期的增长趋势和业绩表现的稳定性，而应对这种特点的操作方式就是长期持有。表现优秀的公司，能在各种市场环境下都能保持长期而稳定的获利能力，好业绩是判断一家公司优劣的重要标准。

巴菲特说："我们喜欢购买企业，我们不喜欢出售，我们希望与企业终生相伴。"

并不是所有买入的股票都要长期持有，具有持续获利能力的股票才值得长期持有。巴菲特判断持有还是卖出的唯一标准是公司具有持续获利能力，而不是其价格上涨或者下跌。

巴菲特曾说："投资股票很简单。你所需要做的，就是以低于其内在价值的价格买入一家大企业的股票，同时确信这家企业拥有最正直和最能干的管理层。然后，你永远持有这些股票就可以了。"

既然是否长期持有股票由持续获利能力决定，那么衡量公司持续获利能力的主要指标是什么呢?

巴菲特认为最佳指标是透明盈利。透明盈利由以下几部分组成：报告营业利润，加上主要被投资公司的留存收益（按一般公认会计原则，这部分未反映在我们公司利润里面），然后扣除这些留存收益分配给我们时本应该缴纳的税款。

为计算透明盈利，投资人应该确定投资组合中每只股票相应的可分配收益，然后进行加总。每个投资人的目标，应该是要建立一个投资组合（类似于一家投资公司），这个组合在从现在开始的 10 年左右将为他带来最高的预计透明盈利。

作为一名投资者，你的目标应当仅仅是以理性的价格买入你很容易就能够了解其业务的一家公司的部分股权，而且你可以确定在从现在开始的5年、10年、20年内，这家公司的收益肯定可以大幅度增长。在相当长的时间里，你会发现只有少数几家公司符合这些标准，所以一旦你看到一家符合以上标准的公司，你就应当买进相当数量的股票。你还必须忍受那些使你偏离以上投资原则的诱惑：如果你不愿意拥有一只股票10年，那就不要考虑拥有它10分钟。把那些获利能力会在未来几年中不断增长的公司股票聚集成一个投资组合，那么，这个组合的市场价值也将会不断增加。

也许有人会问，那我们又如何能发现股票的获利能力呢？巴菲特认为，如果持股时间足够长，公司价值一定会在股价上得到反应。我们的研究也发现，持股时间越长，其与公司价值发现的关联度就越高：

(1) 当股票持有3年，其相关性区间为0.131～0.360（相关性0.360表示股票价格的变动有36%是受公司盈余变动的影响）。

(2) 当股票持有5年，相关性区间上移至0.574～0.599。

(3) 当股票持有10年，相关性区间上升至0.593～0.695。

这些数字反映了一个相当有意义的正相关关系，其结果也在很大程度上支持了巴菲特的观点，即一家公司的股票价格在持有一段足够长的时间后，一定会反映公司基本面的状况。但巴菲特同时指出，一家公司的获利和股价表现的相互影响过程通常不是很均衡，也无法充分预期。也就是说，虽然获利与股价在一段时间里会有较强的相关性，但股票价格何时反映基本面的时机却难以精确掌握。巴菲特表示："就算市场价格在一段时间内都能随时反映企业价值，但仍有可能在其中的任何一年产生大幅度的波动。"

选择安全的股票

1985 年巴菲特在致股东的信里写道："或许你会认为法人的机构、拥有高薪的职员和经验丰富的专业人员会成为金融市场稳定与理性的力量，那你就大错特错了，那些法人持股比重较大且持续受关注的股票，其股价通常都不合理。"

投资者在进行长线择股时，应选择安全性的股票，这类股票即使股价跌了也无妨，只要耐心等待，股价一定会再上涨的。

巴菲特在进行任何一种投资时，寻找那些他相信从现在开始的 10 年或 20 年的时间里肯定拥有巨大竞争力的企业。至于那些迅速变迁的产业，尽管可能会提供巨大的成功机会，但是，他排除了寻找的确定性。

股票投资是一种风险较大的投资，其风险的存在让你不得不首先考虑投入资金的安全性。股票投资风险来源于企业、股票市场和购买力三个方面，投入资金的安全与否首先取决于企业的经营状况。

作为普通投资者，为了确保投资安全，你最好先从不同的角度全面地分析了解企业的情况，尽可能地选择这样一些企业进行投资：基础扎实，资金雄厚，有持久发展趋势；企业规模宏大，经营管理水平先进，产品专利性强，商标知名度高，有较强的生产能力和市场竞争优势；企业资产分配合理，流动资金与流动负债保持合理的比率；盈利率高，有丰富的原料来源和广泛的市场，或者其股票是国家重点发展和政府积极扶植的股票。

以下是投资者需要注意的选择安全股票的技巧：

(1) 公司业绩每年增长 15%左右，这是我们选择股票的第一要求，要达到这个要求其实并不困难。中国的 GDP 年增长率每年可以达到 9%～10%，而国内很多行业的增长速度远远高于这一水平，例如奶制品行业每年可以增长30%，商业零售业可以增长20%多。

（2）除了看上市公司的历史业绩，一家优秀的公司还应具备：

①优秀的管理层。管理层包括公司的治理结构、管理能力以及管理团队等内容。

②时间足够长的成长或景气周期。这也是我们判断一家公司成长空间有多大的重要因素。

③企业的核心竞争力。核心竞争优势体现在：一是技术；二是管理；三是品牌；四是营销；五是成本控制；六是其他一些因素。

④所处的行业需求稳定增长，而不是暴涨暴跌的行业。

⑤有良好的业绩和分红记录。

⑥估值相对较低。主要考虑公司的成长性是否突出、是否持续，成长预期是否合理。

（3）判断在中国具有投资价值的公司。首先，要与中国的宏观经济发展相呼应，在一个中短期内受益于“十三五”规划；其次，受益于人民币升值，其资本、人力、产品价值都会因此得到提升；再次，重大题材带来投资机会；最后，实质性资产重组。

（4）综合评估这几个方面，把同类型、同行业的公司加以仔细分析，货比三家，最后在一个合理的价位做出投资决策。

发掘高成长性的股票

在投资过程中，投资者要重视具有高成长性的股票。成长股并不是一成不变的，投资者要根据实际情况更换成长股。

1994年巴菲特在致股东的信里写道：“如果你拥有的是企业中的‘天然钻石’，无论股票价格如何波动，无论波动的幅度多大，无论经济景气的循环如何上上下下，长期而言，这类优良企业的价值必定会继续以稳定的速度成长。”

巴菲特认为，投资者在选择股票投资时，一定要尽量发掘具有高成长性的股票。一般来说，高成长性的公司盈利迅速增长，扩张性极强。投资这类股票往往可以将你的选股风险化为无形，保证投资者获得超额的利润。

美国的“成长投资理论之父”费舍特别崇尚成长股，在他的代表作《怎样选择成长股》中，费舍开宗明义地指出：“投资者不论出于何种原因，通过什么方法，当他购买股票时，目标只有一个，寻找成长股。”按照他的解释，假如你用800万美元买下市场价值为1000万美元的公司股票，如果你以当时的市场价格出售，那么，你将获利丰厚。但是，如果公司的经营状况很差，并且你在10年后才出售，那么，你的收益可能在平均水平以下。他说：“时间是优秀公司最好的朋友，是平庸公司的敌人。”除非你能帮助清算这个效益很差的公司并从公司的市场价值和购买价格的差价中获利，否则，你的收益将和这家业绩很差的公司一样悲惨。所以，投资者在选股时应研究上市公司的成长性，做到去伪存真，去粗取精，牢记成长是“金”。

一般来说，具有高成长性的企业，通常具有以下三个方面的特点：

1. 公司的产品或所提供的服务具有广阔的发展前景

任何一个行业都有一个从成长到衰退的过程，必须抓住当前正处于成长性的行业。进入21世纪，国内的生物工程、电子仪器以及有关高科技产业均属于成长性行业。政府的扶持会使某个行业和地域的企业快速成长。国家扶持企业的措施有多种，如各项税收、物价、银行信贷的优惠政策，赋予直接融资功能、优良资产的注入等。

2. 公司有值得投资的利润回报率

从投资者的立场来看，销售只有在增加利润时，才有投资价值。如果一个公司多年的销售增长没有带来相应的利润增长，那么该公司就不是最佳的投资对象。考察利润的第一步是分析测算公司的利润率。投资者可以测算每 1 元钱的销售能够实现多少经营利润。进行这样的测算，必须以连续多年的数据为基础，不能只考察一个年度。一般而言，那些多年来利润较高的公司，其利润总额也较大，它们所在的行业总体上是业绩相当突出，呈现出繁荣景象。低成本运营的公司，在景气年头，利润率也有所增加，但幅度不是很大。

3. **企业在新基础上运营，原料市场和产品市场无重大变故**

新项目运营的提前发现，可以使投资者及时发现企业的利润增长点，进而使股票投资在较短的时间内获得较大的收益。国内高科技新项目的投产使其利润大增就是明显的例子。原料市场的变化使轮胎得以降低单位产品原材料成本，经济效益大幅度提高。而产品市场的变动给企业成长带来的推动作用更是不可低估。比如铜、铝、锌等资源性产品一旦在全球范围短缺，企业的利润就会直线上升。中国加入世界贸易组织会促进我国产业优势明显的纺织业、轻工业企业的发展，同时给金融、外贸、港口、仓储业带来难得的机遇。

成长股的盈利估计

投资者想要获得丰厚的回报，就应该对企业的盈利水平进行理性分析，不要把自己对这个行业的喜好或者厌恶夹杂在分析过程中。只有理性的评估，投资者才能得到企业真实的内在价值，才能够找到最佳的投资机会。

1995 年巴菲特在致股东的信里写道：“这实在是天价，不过它让我们可以 100％拥有一家深具成长潜力的企业，且其竞争优势从 1951 年到现在一直都保持不变。”

巴菲特认为，投资者在购买股票时，一定要对企业的盈利水平进行评估。只有正确评估企业未来的盈利水平，才能够确定股票的内在价值是多少。只有了解股票的内在价值，投资者才可以确定在什么时候购买股票才是划算的。

公司股票的内在价值实质上就是公司未来5年或者10年内的利润通过一定的利率折现后得到的数额。虽然说起来很简单，但实际操作起来非常困难。因为公司的盈利水平通常会受到很多因素的影响，所以几乎没有人可以准确预测出公司未来5年或者10年的盈利水平。巴菲特认为，正因为未来充满无限不确定性，为了降低投资的风险，投资者最好选择那些具有稳定性发展的公司。

巴菲特认为，在评估公司的内在价值时，稳定性是一个非常重要的因素。如果一家公司的历史经营业绩很不稳定，那么它未来的发展也可能会很不稳定。如果公司未来的经营业绩不稳定，那么投资的风险就会很高，它的价值就不如目前可预测到的盈利那么高。巴菲特在选择投资公司时，通常会选择那些具有稳定性发展的公司，像美国运通公司、《华盛顿邮报》、吉列、可口可乐等。这些公司在其发展的历程中大多数年头里都表现出非常稳定的盈利增长，巴菲特可以对它们的未来做出迅速合理的预测，所以巴菲特才选择投资这些公司。事实证明，巴菲特的投资眼光是没错的。在巴菲特的投资生涯中，这些具有稳定性的公司为巴菲特赚取了丰厚的利润。

有些股票分析家认为，高科技产业是一种创新，应该被给予较高的待遇。但巴菲特认为，人们对行业的期待没有任何价值。无论是什么产业，评估的标准都应该是统一的。所有的资产都应当被同样地估价，从饮料制造商到手机生产商，在评估时都应该被统一对待。无论什么产业，最终都只有通过把销售转化为盈利以及盈利增长率来判断。高科技产业也应该用和其他行业的标准来定价。所有企业的内在价值都应该取决于企业未来预期收益的折现值，而不应该根据人们对行业的期待来高估或低估企业的价值。

巴菲特认为，股票的安全边际是非常重要的。因为投资者投资的目标就是通过低于内在价值的价格购买股票从中获利，所以投资者一定要认真分析股票的安全边际。此外，一旦发现一家符合标准的公司，投资者就应当购买尽可能多的股票，然后长期持有，慢慢等待丰厚的回报。当然在这期间，你要有足够的定力，抵制外界一切使你背离原则的诱惑。

第三节　挑选经营业务容易了解的公司股票

业务是企业发展的根本

企业要发展，业务是根本。具有发展前景的业务是企业的饮水之源。投资者进行投资时，一定要首先观察企业的业务，然后再考虑其他因素。

巴菲特在 1989 年致股东的信里说："从这里我们又学到了一个教训：只有优秀的马搭配技术高超的骑士才能取得好成绩。如果马不好，再厉害的骑士也没有办法。像伯克希尔纺织公司也是才德兼备的人在管理，但很不幸的是他们面临的是流沙般的困境。如果将这些人放在资质更好一些的公司，我相信他们应该会有更好的表现。"

巴菲特认为，判断一家公司是否优秀，首先要分析的就是公司的业务。只有拥有好的业务，公司才能够有更好的发展。

很多人觉得公司中最重要的就是管理层。他们觉得一家公司只要拥有足够优秀的管理层，就可以转亏为盈，好上加好。以前巴菲特也这么觉得，后来经过伯克希尔纺织公司的教训后，巴菲特开始意识到一家公司最重要的是业务。业务就像赛马场里的马，管理层就像赛马场的骑士。如果想要在赛马场上赢得比赛，先决条件是必须有一匹好马。优秀的马配上技术高超的骑士，能够取得非常优秀的成绩；优秀的马配上技术一般的骑士，也能够取得比较不错的成绩；如果没有一匹好马，再优秀的骑士也无法发挥他们的本领，就像巧妇难为无米之炊一样，最终的结果只可能是成绩不好，而且还坏了骑士的好名声。

巴菲特生平投资的第一个错误就是买下伯克希尔纺织厂。而巴菲特犯错误的主要原因就是当时巴菲特没有把公司的业务看得很重要。其实当时巴菲特已经觉得纺织业是个高度竞争的行业。即便改进机器会促使商品生产率大幅提升，但好处只会落在客户身上，而厂家捞不到一点儿好处。在经济繁荣的时期，纺织业只能赚取微薄的利润。而在经济衰退期，纺织业就只能够赔钱。虽然巴菲特也任命了非常出色的管理层，可还是无法扭转乾坤。最终因为长期亏损，巴菲特不得已关闭了伯克希尔纺织厂。巴菲特后来这么描述他对伯克希尔纺织厂的投资："首先我所犯的第一个错误，当然就是买下 Berk shire Hathaway 纺织的控制权，虽然我很清楚纺织这个产业没什么前景，却因为它的价格实在很便宜而受其所引诱。"

巴菲特收购斯科特公司也说明了业务的重要性。1986 年，伯克希尔公司收购斯科特公司时，该公司拥有 22 个不同的业务，主要业务是世界百科全书、寇比吸尘器和空气压缩机，当时账面价值为 1.726 亿美元。伯克希尔公司花费了 3.152 亿美元收购了该公司。也就是说伯克希尔公司用 1.426 亿美元的溢价购买了斯科特的业务价值。后来的事实证明巴菲特的眼光没有错。被伯克希尔公司收购后，斯科特公司的经营业绩越来越好，原来就很高的股东权益报酬率又有了新的突破，让伯克希尔公司赚取了丰厚的回报。巴菲特后来非常自豪地说，通过支付这些溢价能够收购到一家业务简单易懂、发展前景良好的公司是非常值得的。

不要超越自己的能力圈边界

既然连“股神”巴菲特都无法精通所有行业，那么我们普通投资者也不必为了自己无法了解所有行业而沮丧。只要我们坚持只在我们的能力圈范围内投资，投资风险就会更小，获得丰厚回报的可能性就更大。

1996 年，巴菲特在给股东的信里说：“投资者真正需要的是有正确评估所投资企业的能力，并不需要成为每个行业都懂的专家。投资者只需在你自己的能力圈范围内正确评估几只股票就够了。每个人的能力圈有大有小，但大小并不重要，重要的是知道自己的能力圈边界在哪里。”

由于每个人的生活经验和知识能力有限，所以谁也不可能成为每个行业都知晓、每个行业都精通的专家。有些人觉得因为自己不了解所有行业才投资失败，但巴菲特觉得，是否了解所有行业的发展状况并不那么重要，关键在于你要在自己熟悉的能力圈内投资。只要你的投资范围不超越自己的能力圈边界，那么懂不懂其他行业的知识对你的投资一点儿都没有影响。其实投资者要做的很简单：首先了解自己熟悉哪些行业，确定自己的能力圈范围有多大，然后在能力圈的边界内寻找具有投资价值的企业，在合适时机买入。

业务内容首先要简单易懂

经营业务越简单的企业，越可能具有持续竞争优势。在选择投资企业时，投资者最好先从那些业务简单易懂的企业下手。

1996 年巴菲特在致股东的信里写道：“作为一名投资者，我们要做的事情很简单，就是以合理的价格买进一些业务简单易懂又能够在 5～10 年内持续发展的公司股票。经过一段时间，我们就会发现能够符合这样标准的公司并不多。所以一旦你真的碰到这样的公司，那就尽自己所能买最多份额的股票。当然在这期间，你要尽可能避免自己受到外界诱惑而放弃这个准则。如果你不打算持有一家公司股票 10 年以上，那就最好连 10 分钟都不要拥有它。当你慢慢找到这种盈余总能积累的投资组合后，你就会发现其市值也会跟着稳定增加。”

巴菲特认为，越是具有持续竞争优势的企业，其经营业务通常都越简单易懂。投资者在选择投资的企业时，最好选择业务简单易懂的企业。他认为，投资者成功与否，与他是否真正了解这项投资的程度成正比。这一观点是区分企业导向和股市导向这两类投资人的一个重要特征。后者仅仅是购买了股票，打一枪换一个地方而已。

巴菲特之所以能够保持对所投资的企业有较高程度的了解，是因为他有意识地把自己的选择限制在他自己的理解力能够达到的范围。巴菲特忠告投资者：“一定要在你自己能力允许的范围内投资。”

有人认为，巴菲特给自己设置的这些限制，使他无法投资于那些收益潜力巨大的产业，比如高科技企业。也有很多人会觉得纳闷，简单易懂的业务，人人都能做，怎么还能够产生高额利润呢？在巴菲特看来，非凡的经营业绩，几乎都是通过平凡的事情来获得的，重点是企业如何能够把这些平凡的事情处理得异乎寻常的出色。通俗地说，就是在平凡的事情中实现伟大的成就。像这些优秀的企业，它们几十年来只专注于某一领域，自然就有更多的时间和资金来改善生产技术、服务、生产设备等，它们的产品自然也会变得更加优秀。而且，它们的产品年代越久，就有越多的人了解它们，它们的品牌效应就会越明显。

业务简单易懂是巴菲特对投资企业的要求之一。在巴菲特的投资生涯中，大多数都是业务简单易懂又极具持续竞争优势的企业。像可口可乐公司就是一个典型的例子。可口可乐公司的业务非常简单：可口可乐公司采购原料后，制成浓缩液，然后卖给装瓶商。装瓶商再把这种浓缩液和其他成分配合在一起，制成可口可乐饮料卖给零售商。就是这么简单的业务，让可口可乐公司每年赚取了巨额利润。就连遭遇金融危机的2008年，可口可乐公司都获得了高达58.1亿美元的利润。

过于复杂的业务内容只会加重你的投资风险

如果企业经营的业务过于复杂，企业运营的风险就比较大。而且过于复杂的业务，投资者也不太容易搞明白，所以投资者还是尽量远离那些经营业务复杂的企业为好。

2008年巴菲特在致股东的信里说："像担保债务凭证这种过于复杂的金融衍生产品，是造成这次金融危机的原因之一。我和芒格曾经说过，这些金融机构将商业操作弄得太复杂了，使得政府监管者和会计准则都无法阻止这些金融机构冒这么大的风险。这种缺乏控制的行为，已经造成了惨重后果，例如贝尔斯登的倒闭，而且很有可能带给金融业更多损失。"

巴菲特认为，企业经营的业务越简单易懂越好，太过复杂的业务容易造成不可预测的风险。

2008年金融危机给全球的金融机构造成了高达3000多亿美元的损失。但巴菲特认为，这样的损失很大程度上也要归咎于金融机构本身。在过去的时间里，金融机构发行了很多过于复杂的金融衍生产品。像担保债务凭证这个产品，投资者如果想弄明白其业务内容，就至少需要阅读75万字的报告。这些复杂的产品大大增加了金融机构的风险系数。但是由于它们过于复杂，使得政府监管者和会计准则无法监控到这些风险性，才导致了金融危机的全面爆发。

巴菲特说，在伯克希尔公司里，是绝对不允许发生这种事情的。为了避免风险，巴菲特在选择投资企业时，都不会选择特别复杂的业务。巴菲特说，他曾经读过一份金融公司的业务报告。这份报告主要是向政府部门和普通投资者介绍这家金融机构的操作过程，但这份报告多达 270 页。巴菲特一边阅读，一边把自己认为有疑问的地方列在空白纸上。等看完最后一页，巴菲特发现他竟然列了 25 页问题。最后他实在失去了耐心，把笔一扔，决定再也不投资这个股票了。巴菲特之所以不碰高科技，也是因为他觉得高科技太复杂了，投资风险太大了。

巴菲特认为，如果某项业务的不确定因素很多，那么该项业务的投资成功率就会很低。如果某项业务只有一个不确定性因素，而这个因素的成功概率高达 80%，那么这项业务的投资成功率就是 80%；如果这项业务有两个不确定性因素，而每个因素的成功概率都是 80%，那么这项业务的投资成功率就是 64%；以此类推，不确定性因素越多，这项业务的投资成功率就越低。巴菲特觉得，如果某项业务的投资成功率很低，即使该业务有再高的投资回报率，他也不会进行投资的。

1998 年伯克希尔公司打算投资一个锌金属回收项目，项目内容就是将地热发电产生的卤水中的锌提取出来进行回收利用。本来这是巴菲特非常看好的一个项目，利润率很高，项目内容也简单。可是在真正实行的过程中，问题层出不穷，总是一个问题接着另一个问题出现。常常刚解决完这个问题，又有一个新问题跑出来。这令巴菲特非常不满。经过全面的衡量利弊，最终巴菲特觉得投资成功率太低，放弃了这个很赚钱的项目。

第六章　巴菲特教你做交易

第一节　如何判断买入时机

要懂得无视宏观形势的变化

很多普通投资者在面对一个问题的时候，总是从宏观推向微观，根据这个国家甚至国际经济走势一定能预测出来一些市场方向。但巴菲特说："我不关心宏观的经济形势。在投资领域，你最希望做到的应该是搞清楚那些重要的，并且是可以搞懂的东西。"实际上，有的时候大势好未必对你好，大势不好未必对你不好。

巴菲特 1998 年在佛罗里达大学商学院的演讲时说："我不关心宏观经济形势。在投资领域里，你最需要做到的是应该弄清楚哪些重要，并且认清可以搞懂的东西。对于那些既不重要也很难懂的东西，把它们忘记就对了，如果你认为你所讲的是重要的，但是很难彻底弄明白。我们从来没有靠对宏观经济的感觉来买或不买任何一家公司。我们根本不去在乎那些读不懂的预估利率、企业利润等，因为那些预估真的无关紧要。"

巴菲特经常逆宏观形势而动，例如他在 1972 年买了时思糖果，虽然从那以后的不久政府就实施了价格管制，股价也随之狂跌，但是巴菲特仍然继续买进，并不为所动。然而事实证明，这个生意给了他很大的赚头，因为伯克希尔只是花了 2500 万美元，然而时思糖果现在的税前利润却高达 6000 万美元。

再比如，在巴菲特眼中，他认为通货膨胀并不是简单的经济现象。关于这一点他是从四个方面来理解的：

（1）从国内看，通货膨胀是过多地增加货币供应量造成的。只有当货币的发行量严重超过商品流通中实际货币的需求量，才会形成通货膨胀。由此可以看出，在一定程度上可以说通货膨胀是政府行为的作用结果。如果不对政府的发行行为进行约束，那么通货膨胀就不可能根本消除。而美国政府的开支一直没有严格的限制，这使得消灭通货膨胀几乎是不可能的。所以巴菲特始终认为通货膨胀从某种程度上讲更是政治现象。

（2）从国际角度看，国与国之间的贸易交流，无论是在古典经济学的理论，还是现代的西方经济学的理论中，都是无法避免的。只要有国际贸易，那就可能有贸易的顺差和逆差。顺差的情况一般比较好解决，但是一旦形成逆差，国家就可能会利用通货膨胀来抵制这种经济上的压力，而这点也是令巴菲特忧心的。尽管这是政府的对策行为，但却对经济产生了重大的影响。这种形势下采用的通货膨胀这一手段对本国经济的损害也绝对不小。

（3）从投资者角度来看，通货膨胀对投资者的影响是很大的。通货膨胀率的高低就等于手中握有现金的实质价值损失幅度。假设通货膨胀率是25%，实质购买力就减少25%。在此时，巴菲特认为，起码要获得25%的投资报酬率，才能使实质购买力维持不变。

（4）除了以上消极的方面，从另一个角度看，通货膨胀中也存在着机遇。例如伯克希尔在1972年付出约3500万美元买下时思公司，相当于8%的税后回报率，和当年度的政府公债所提供的5.8%回报率相比，时思的税后回报率8%显然不差。巴菲特正是在通货膨胀中得到了好处。

当然，对于巴菲特来说，通货膨胀肯定不会是个好的合作伙伴。它的复杂多变，对于任何一个投资者来说都是一项艰巨的挑战。虽然它具有两面性的后果，但是没有几个人能在其中获得高额的利润。相比之下，巴菲特更喜欢平稳状态下发展的企业，因为稳定的市场经济状态才能够给他更切实稳定的利益回报。

如果你不能从通货膨胀中获利，你应该寻找其他方法以避开那些会被通货膨胀伤害的公司。通常说来，需要大量的固定资产来维持经营的企业往往会受到通货膨胀的伤害；需要较少的固定资产的企业也会受到通货膨胀的伤害，但伤害的程度要小得多；经济信誉高的企业受到的伤害最小。

判断股票的价格低于企业价值的依据

我们不是天才，也不完美，所以弄清自己所购买的每家企业的安全边际十分重要。如果得不到符合安全边际的价格，我们就不买。安全边界会使你在方法得当时大捞一笔。而当情况不妙时，它又会使你免受损失。

1997 年，巴菲特在致股东们的信里写道："即使我们从来都试图尝试预测股市的动向，但是我们还是试着去评估股票的合理价位，在去年的股东会上，当时的道指大约为 7071 点，长期公债的利率为 6.89％，查理和我曾经表示，假如能够符合其一利率维持不变或继续下滑，其二美国企业能够继续维持现有高股东的权益报酬率这两个条件的话，则表示股市并未被高估。"

"然而，依目前的情况来看，利率确实又在下滑的过程中，这一点算是符合其中一个条件的，但是另一方面，股东的权益报酬率却仍然维持在高档。也就是说，如果这种情况还会持续下去的话，同时利率也能维持现状，则没有理由再去相信股市处于过于被高估的状态；不过从保守的角度来讲，股东权益报酬率维持在现有的水平也是很难达到的。"

巴菲特的主要思想是在价格具有商业价值时买入优质企业。怎样才具有商业价值呢？在巴菲特看来，具有商业价值是指投资能带给你最大的预期年复利收益率和最小的风险。巴菲特在这方面之所以比其他投资经理更胜一筹，原因在于他把自己看成公司所有者，进行的是长期投资，而不像华尔街其他投资专家，关注的是短期投资。

如何发现股票价格低于价值还是高于价值呢？这里，巴菲特运用了他的导师格雷厄姆的“安全边际”法则，即寻找价格与价值之间的差价，差价越大时买入，“安全边际”越大，风险越小。这是巴菲特永不亏损的投资秘诀，也是成功投资的基石。

但是并不是所有的投资者都能理解并且正确利用巴菲特的这种估值方法。举个例子来说，股民小王一直都以价值投资者自称，尤其对“安全边际”法则坚信不疑，他一直都把“内在价值大于价格，就有了安全边际”这句话挂在嘴边。2007 年 10 月，听了某分析师推荐煤炭股，思考了一下：“煤电的价格到了冬天应该还会往上涨，现在的内在价值肯定很高。”于是，68 元买入了当时走势红火的西山煤电。由于自信有“安全边际”的保障，小王心中就有底，于是按照巴菲特的教导，在“安全边际”以下就大胆进行了操作。越跌越买，一路补仓，结果却只能眼巴巴迎来了该股 32 元的“底部”，尽管他一再补仓，现在的平均价位也仍在 50 元左右，深套其中。

实际上他并没有完全理解“安全边际”的意义，这也是大多数投资者常会犯的错误，“安全边际”法则的含义，像购买价廉物美的商品一样，即用比实际价值更便宜的价格买入好股票。

“安全边际”这个概念听起来很高深，其实很简单，就是寻找价格大大低于内在价值的质优价廉的便宜货。买便宜货的道理我们谁都懂，但股票毕竟不同于衣服，普通投资者怎么能认定，它的价格到底是高估了还是低估了？明明价格已经脱离价值了，还以为有“安全边际”，那就糟了。比如有人这样计算南方航空的内在价值，他把南航的每架飞机都拆成零件，然后把价格进行全部的加和，除以总股本后，和股价做个对比，衡量股价是高了还是低了，尽管这种方法有点儿极端，但是也不失为一个有效的方法。

此外，在你进行“拆飞机”之余，还有几个指标可以用来作为参考。一是市盈率，通常情况下蓝筹股要低于10倍，在周期性股票低于5倍的情况下，存在着安全边际。二是每股净资产，这是一个最为稳妥的指标，一旦股价跌破每股净资产，理论上就是“打折”。在中国的A股市场上存不存在这样的打折股呢？巴菲特告诉你：每等一个周期，就肯定会有。事实上，2005年时A股里“打折股”比比皆是。

基于“安全边际”的价值投资策略是指投资者通过公司的内在价值的估算，比较其内在价值与公司股票价格之间的差价，当两者之间的差价达到安全边际时，可选择该公司股票进行投资。

买入点：把你最喜欢的股票放进口袋

投资者需要明白的关键的一点是，当你还没有投资的时候，不要感觉你应该投资的时候到了。一旦对该股票充满了信心的时候，你自然会做出越来越少的买卖决定。不管你购买什么公司的股票，在没有完全掌握公司的情况之前，绝不要轻易地购买，并且对于已经看好的公司，要衡量它合适的买入价位。

1988年，巴菲特在致股东们的信里写道：“以早餐麦片为例来说，它的资产报酬率是汽车保险业的一倍（这也正是为什么家乐氏与通用磨坊的市净率是5倍，然而保险业者的市净率却仅是1倍），麦片公司经常都在调整产品的售价，即便是在生产成本没有什么变化的情况下，消费者仍然没有任何抱怨。如果要是换成保险业者，就算只是反映成本稍微调整一下价格，投保的客户就会生气得跳起来。所以如果你识相的话，最好是去卖掉高价的麦片，而不是低价的汽车保险。”

巴菲特有很强的识别力，他能够抵制住在当时看来非常有诱惑力的股票。只有在股价的合理价位，并且具有很好的投资的潜力，他才会购买。但是，巴菲特绝对不允许自己随波逐流地去购买那些只是由于价值被低估才具有投资价值的股票。

1999 年初，巴菲特拥有 35 亿美元的现金和伯克希尔公司的债券。当时他对此感到非常满足，因为这些财富已经相当于很多小国家国民生产总值的总和了。他的打算是长期持有这些财富，直到发现有值得购买的投资标的时才出手。而与他有鲜明对照的是，大多数投资者有一种心理上的需要，就是想让他们手里的宽松的资金立刻发挥作用。他们并没有耐心去等待所有喜爱的股票的股价下降，而是在没有考察一些公司基本财务状况的前提下，就买进了一些品质比较差的股票，结果可想而知。

巴菲特为了避免这些错误，就会先鉴定那些在几年后他想拥有的所有股票，然后在某个适合时机购买，但是只在这些股票的价格降到非常有吸引力时候才会去购买。如果股票的价格没有降到他所希望的价格，那么他就会把注意力转向到适合价位的公司。

具体确定买入点的方法是：

名称	价格（美元）	欲购买价格	点评
美国运通	135	100	不够便宜
阿姆根公司	65	45	太贵了
思科系统公司	130	小于 60	下挫风险太大
联邦快递	33	小于 40	现在可买入
通用电气	135	135	现在可买入
保洁公司	65	小于 85	准备买入

这种分析方法的一个很明显的好处就是强迫你时刻保持警惕性。在购买之前，就必须确定这个公司的合理的价值。

好公司出问题时是购买的好时机

对于我们而言，最好的投资机会来自于一家优秀的公司遇到暂时的困难时，当他们需要进行手术治疗时，我们就买入，这是投资者进行长期投资的最好时机。

1989年，巴菲特在给股东的信里写道：“我们同样面临着一项挑战：就是在有限的世界里，任何高成长的事物都会最终自我毁灭，如果成长的基础比较薄弱，那么这项定律也会被暂时性的打破，但是当基础膨胀到一定程度的时候，高成长就会结束，高成长最后终有一天会被自己所束缚。”

上面这段话，巴菲特明确地指出了无论是多么优秀的公司都不会是一直呈高成长的状态，总有一天这种成长会被打破，然而如果是一个好公司的话，当它出现问题的时候，反而是很好的买入时机。

巴菲特喜欢在一个好公司因受到质疑或误解干扰，而使股价暂时受挫时进场投资。虽然一个人不能预测股市波动，但几乎所有对股票市场历史略有所知的人都知道，一般而言，在某些特殊的时候，却能够很明显地看出股票价格是过高还是过低了。其诀窍在于，在股市过度狂热时，只有极少的股票价格低于其内在价值的股票可以购买。在股市过度低迷时，可以购买的股票价格低于其内在价值的股票如此之多，以至于投资者因为财力有限而不能充分利用这一良机。市场狂跌是以较大“安全边际”低价买入股票的最好时机。

巴菲特有时会买下一家前景似乎暗淡无光的企业。19世纪60年代末，他在美国运通银行发生“色拉油丑闻”事件后，出资吃下该银行的股份，并于20世纪70年代，他买下了GEICO公司，20世纪90年代初期，买下威尔斯法哥银行。

巴菲特这么做的原因就是，市场上大多充斥着抢短线进出的投资者，而他们为的是眼前的利益。这就是说，如果某公司正处于经营的困境，那么在市场上，这家公司的股价就会下跌。这是投资者进场做长期投资的好时机。巴菲特能够慎思明辨，分清何者为真，何者只是表面上看起来为真，巴菲特将这个特殊的分辨力运用于股市，专门购买不受欢迎的好公司股票。巴菲特喜欢在一个好公司因受到疑虑、恐惧或误解干扰，而使股价暂时受挫时进场投资。

1996年巴菲特在伯克希尔公司股东手册中指出，市场下跌使买入股票的价格降低，所以是好消息。“我们面临的挑战是要像我们现金增长的速度一样不断想出更多的投资主意。因此，股市下跌可能给我们带来许多明显的好处。”

“首先，它有助于降低我们整体收购企业的价格；其次，低迷的股市使我们下属的保险公司更容易以有吸引力的低价格买入卓越企业的股票，包括在我们已经拥有的份额基础上继续增持；最后，我们已经买入其股票的那些卓越企业，如可口可乐、富国银行，会不断回购公司自身的股票，这意味着，它们公司和我们这些股东会因为他们以更便宜的价格回购而受益。总体而言，伯克希尔公司和它的长期股东们从不断下跌的股票市场价格中获得更大的利益。对伯克希尔公司来说，市场下跌反而是重大利好消息。大多数人是对别人都感兴趣的股票才感兴趣。但没有人对股票感兴趣时，才正是你应该对股票感兴趣的时候。越热门的股票越难赚到钱。只有股市极度低迷，整个经济界普遍悲观时，超级投资回报的投资良机才会出现。”

总而言之，作为一般投资者，如果已经证实某家公司具有运营良好或者消费独占的特性，甚或两者兼具，就可以预期该公司一定可以在经济不景气的状况下生存下去，一旦度过这个时期，将来的运营表现一定比过去更好。经济不景气对那些经营体质脆弱的公司是最难挨的考验，但经营良好的公司，在这场淘汰赛中，一旦情势有所改观，将会展现强者恒强的态势，并扩大原有的市场占有率。

价格具有吸引力时买进

只投资自己了解的股票。当这只股票下跌到“非常有吸引力”的价格时就可以勇敢地买进了。按照这样的投资策略，股价跌得越厉害，你将来的投资回报就越安全。

巴菲特1982年在给股东的信里写道：“我投资股票时的做法是，只有在能够用合理的价格买到足够吸引人的企业时才是可行性的方式，与此同时，也需要温和的股票市场加以配合。对于投资者而言，如果买入的价格过高的话，势必会抵消掉这家企业哪怕是绩优企业未来10年的发展所带来的正面效应。”

巴菲特认为，当股价跌到“非常有吸引力”时，就是买入的好时机。

他在伯克希尔公司1992年年报中，提出了买入股票时怎样认定股价是否合理的标准。他认为“有吸引力的”股价应当具有“充分的安全边际”。也就是说，只有具有“充分的安全边际”的股价，对他来说才是“有吸引力的”。

巴菲特认识到，即使企业的业务易于理解、有持续的盈利能力和由股东利益导向的管理层来领导，并不能保证投资成功，还必须以比较明智的价格购买。其次，企业的行为必须合乎事先的预期。巴菲特认为，投资失误只可能出现在以下三方面：一是支付的价格；二是我们选定的管理层；三是企业未来的盈利能力。而在第三方面的估算错误是最常见的。

巴菲特不仅致力于挑选盈利水平高于平均水平的企业，同样也要求在其市场价格低于内在价值时购买。格雷厄姆曾教导巴菲特牢记安全收益投资准则，即在估算的内在价值超过其市场价格的差额具有较高的安全系数时，才能购买该公司股票。

那么，什么样的买入价格对巴菲特来说“有吸引力”或者

“非常有吸引力”呢？他说，绝大多数证券分析师认为是“价值”和“成长”，但实际上，许多人把这两个术语搞混淆了，这就像穿错了衣服一样可笑。

他说，“价值”和“成长”是一对儿矛盾的投资策略。虽然这两种策略在关键时候相互一致，例如公司成长性总是其内在价值评估的一部分，它对公司内在价值的影响力有时候是正面的，有时候又是负面的；可是在绝大多数时候，这两者之间是对立的。

巴菲特认为，在许多时候“价值”这一术语是多余的——试想，如果股票投资不是为了寻求足以补偿投资成本的行为，那么还有什么能称为“投资”呢？如果买入股票的价格比内在价值高，而投资者希望的只是将来能以更高的价格卖出这只股票，这种行为只能称为投机，而不是投资。这种投机行为虽然不违法，也不能说不道德，但却不可能发财致富。

公司的成长性，只有在新增投资具有诱人的回报率时，才能使投资者获益。例如，上市公司投入1美元，能够使它的长期市场价值增加1美元以上，这时候才会体现出成长性来。否则，就只能称之为缺乏成长性，或者干脆就叫负增长。对于投资者来说，这不但没有回报，而且还会损失利益。

纠缠于“价值”和“成长”等术语是非常枯燥无聊的，为此巴菲特选择了另一条简单的道路，只需掌握两条简单法则：一是只买自己能够了解这家上市公司业务的股票；业务复杂并且不断变化的公司，这种股票就不买；二是在前者基础上，股价必须具有非常有吸引力的安全边际，即相对于公司内在价值来说，这个价格非常之低。

根据后一条法则，巴菲特认为，如果自己要买的股票价格在不断下跌，这应该是一条好消息，因为这会降低自己买入股票的成本。不但如此，股价不断下跌，还会使得伯克希尔公司所拥有的主要投资对象会以更低的价格回购自己发行的股票，从而间接受益。

巴菲特认为，你支付的成本价将直接影响你的投资回报率。比如他将一家具有持续竞争优势公司的股票当作一种股权债券，为之支付的价格越高，初始投资回报率和投资该公司未来10年的利润回报率也就越低。

20世纪80年代末，巴菲特开始以平均每股6.50美元的价格买入可口可乐公司的股票，该公司的每股收益为0.46美元，巴菲特认为这相当于7%的初始回报率。到2007年，可口可乐公司每股收益为2.57美元，巴菲特认为，可口可乐股权债券如今为他每股6.50美元的初始投资支付了每股2.57美元的回报，相当于39.9%的投资回报率。但如果他当初支付可口可乐公司的成本价为每股21美元的话，他的初始投资回报率仅为2.2%。到2007年，这一投资回报率也只能增长到12%，这显然不如39.9%那样更有吸引力。

因此，你为一家具有持续竞争优势的公司所支付的价格越低，那你的长期回报率就越高。一家具有持续竞争优势的公司偶尔也可能会搞砸或做出一些愚蠢的事情，这在短期内将迫使其股价大跌。新可乐案例就是其中之一。巴菲特说过，当一家优质公司面临一个偶然的、可解决的困难时，一个完美的买入契机就从天而降。因为公司所面临的困难也是可以解决的。

第二节　抛售股票，止损是最高原则

牛市的全盛时期卖比买更重要

巴菲特强调要长期持有，如果一些公司一直保持其竞争优势，那你就不要卖出它们任何一家。道理很简单，你持有它们越久，你获得的税后回报率就越多。但在三种情况下，卖出也是有利的选择：第一种情况是当你需要资金投资于一个更优秀的、价格更便宜的公司时；第二种情况是当这个公司看起来将要失去其持续性竞争优势的时候；第三种情况在牛市期间股价远远超过了其长期内在经济价值时。一个简单法则：当我们看到这些优质公司达到40倍甚至更高的市盈率时，就到该卖出的时候了。

1999年巴菲特在《财富》杂志上撰文道："美国投资人不要被股市飙涨冲昏了头，因为股市整体水平偏离其内在价值太远了。我预测美国股市不久将大幅下跌，重新向价值回归。"

巴菲特上面这段陈述，提醒了投资者在股市的全盛时期，一定要看清楚市场的状态，不要被市场强烈的投机气氛冲昏了头脑，在大家都热火朝天地沉浸在股价的上涨带来的喜悦的同时，市场的风险已经越来越高了。当市场膨胀到一定状态、出现泡沫时，离泡沫破碎的时候也不远了。一旦股市情形大逆转，没人能预料会跌到什么地步，而等到股票价值再次调整又要一定时间，并存在潜在的风险。你掌握在手中的相对不是很优秀的股票就根本体现不出它的价值，与其握在手中，不如卖掉它。

1969年，随着20世纪60年代美国股市的狂飙突进，巴菲特解散了合伙人企业。进入1972年时，伯克希尔保险公司的证券组合价值一亿一百万，其中只有1700万投资于股票。

1987年，道琼斯指数是让人大开眼界的2258点，正是牛市的全盛期，巴菲特认为股市是个危险地带，已静静地卖掉了大多数股票。

在2005年致股东的信中，巴菲特自责道："从我们最早买进这些股票后，随着市盈率的增加，对这些公司的估值增长超过了它们收益的增长。有时这种分歧相当大，在互联网泡沫时期，市值的增长远远超过了业务的增长。在泡沫期间，我对令人头晕目眩的价格啧啧称奇，却没有付诸行动。尽管我当时声称我们有些股票的价格超过了价值，却低估了过度估值的程度——在该行动的时候我却只是夸夸其谈。”

在牛市的全盛时期，股市上的股票价格大都在上涨，此时股票价格偏离价值越来越远。尽管这种状态符合了投资者想要获取利润的心理，但是，股市整体水平就会偏离内在价值越来越远。这样的股市行情，也很容易让人辨认不清公司股票的真正价值，越是涨得快的股票越可能是大家不熟悉的品种。股市不久将下跌，重新向价值回归。在这个时期，大家都会存在跟风的心理。市场的盲目性、求利性就凸显得更加厉害，股票牛市的整个大状态的形成就不可避免。而一旦股市冷却，整个急速降温的市场状态又会对股价产生巨大影响。优秀公司股票价格有时候也不能幸免。这样，投资者的利益必然要受到影响，为了避免造成过大的损失和影响，卖出一部分股票，也是合理的。当股市大盘和个股一涨再涨，潜在的风险也在酝酿之中了。

理智的投资者一定要和市场保持一定的距离。因为市场是变幻莫测的，若你想靠市场上的股价变化来投资，那将十分冒险。绝对不能人云亦云，尤其是在市场发展到全盛期、股市出现了泡沫时，你的投资必须更加理智。往往这个时候卖出的决定比买入的决定更理智。否则，当你发现买入的是个随时存在风险的不定时炸弹时，那么你的财产也就保不住了。

抓住股市“波峰”的抛出机会

长时间持有一只股票是一件很明智的选择，但是并不是说要无条件地长期持有。比如：当公司内部发生了经营方式的变化或是公司所处行业的发展前景发生了重大变化的时候，都可以改变自己的持股策略，果断地抛售自己的股票。

如果发现一个行业的发展前景没有一开始那么好了，巴菲特一定会毫不犹豫地卖出。因为没有了良好的发展前途，就根本不可能有良好的利润增值空间，那么也就不可能有较高的回报率。

巴菲特曾在谈到投资的时候说道："当人们对一些大环境间的忧虑达到最高点的时候，事实上也就是我们做成交易的时候。恐惧是追赶潮流者的大敌，却是注重基本面的财经分析者的密友。"

巴菲特上面这段话，清晰地阐释出了股市中每个人都在追求着一个高点，试图把自己的股票卖一个好的价钱，但是往往内心的恐惧会阻碍自己将股票抛在合适的价位，这是需要一定的胆识的，人都有不可避免的恐惧心理，如果投资者能够对股市进行成功的基本面分析的话，把股票卖在一个波峰的时期并不是一件不可能的事。

股市中流传着这样一句话：会买是徒弟，会卖是师傅，要保住胜利果实，应该选准卖出的关键时机。"股神"巴菲特就有一种气魄，该出手的时候绝不含糊。

1987 年 10 月 18 日清晨，美国财政部长在全国电视节目中一语惊人：如果联邦德国不降低利率以刺激经济扩展，美国将考虑让美元继续下跌。结果，就在第二天，华尔街掀起了一场震惊西方世界的风暴：纽约股票交易所的道琼斯工业平均指数狂跌 508 点，6 个半小时之内，5000 亿美元的财富烟消云散！第三天，美国各类报纸上那黑压压的通栏标题压得人喘不过气来：《10 月大屠杀》《血染华尔街》《黑色星期一》《道琼斯大崩溃》……华尔街笼罩在阴霾之中。这时，巴菲特在投资者疯狂抛售持股的时候开始出动了，他以极低的价格买进他中意的股票，并以一个理想的价位吃进 10 多亿美元的可口可乐。不久，股票上涨了，巴菲特见机抛售手中的股票，大赚特赚了一笔。巴菲特总是在关键时刻能够把握住机会卖出他的股票。

任何一种成功的投资策略中都要有一个明确的"抛出时机"。每个人都在为自己的股票寻找一个好的卖出时机，即寻找一个波峰。但是，并不是每个人都能够如愿以偿，这在具体操作的过程中，是需要掌握一定的技巧和方法的。股市的走势呈波浪式前进，正如大海的波浪一样，大盘和个股的走势也有底部和顶部之分。因此，你要找到这两个点。当然，如果你能准确分析，找到确切的最顶或最低的点，那是最好不过的事。不过大多数人在绝大多数时间内是不可能做到这点的，就连巴菲特也没有这个把握。所以他总是这样认为，自己不一定能找到极致点，也不需要找到，只要在次高点或次低点就好了。而这两个点是常人都可以把握的。一般，当大盘和个股在一段时间里有较大升幅时，就算没有政策的干预或其他重大利空，技术上的调整也是必要的。通常而言，升幅越大，其调整的幅度也就越大。当大盘和个股上升到顶部时，及时抛出股票，就可以避免大盘和个股见顶回调的风险；而当大盘和个股调整比较充分之后入市，风险也就降低了。

所持股票不再符合投资标准时要果断卖出

投资标准不完善或没有自己的投资标准时，投资者显然无法采用退出策略，因为他无法判断一个投资对象是否符合他的标准。另外，他在犯了错误的时候也不会意识到自己的错误。可见，制定投资标准有多重要。

巴菲特说过："我最喜欢持有的一只股票的时间期限是永远，但需要强调的是，我们不会仅仅因为股份已经增值，或因为我们已经持有了很长时间而卖掉它们。"

巴菲特一直都是坚持长期持股的，但事实上他认为只有极少数的股票才值得这样做。经济学家会告诉你买入的绝大多数股票都是为了卖出，否则你永远不可能得到最大的利润回报。同理，在投资股票时，每个投资者也都该清楚这个道理。不然，你买入的应该是不动产，而不是股票。可卖出的时候也需要诀窍，卖什么样的股票，什么时候卖，卖多少，都是你要深思熟虑的问题。巴菲特认为，要卖出，首选就是投资对象不再符合自己的投资标准的股票。

巴菲特在 1986 年年报中公开声明，希望永久保留三种持股：大都会/ABC 公司、GEICO 和《华盛顿邮报》。但在迪士尼收购了 ABC 之后，迪士尼在网络繁荣中挥金如土，拖了发展的后腿，巴菲特从 1998 年开始减持，1999 年几乎把持有的迪士尼股票都出售了。

巴菲特在 2006 年的股东大会上说："报纸仍然是很赚钱的，特别是与投入的有形资产相比，但其发展前景与二三十年前相比就不如当时乐观了。读者数量在减少，长期而言会侵蚀报刊行业的效益。我们仍然持有 World Book（百科全书出版商），我们曾以每套 600 元的价格售出了 30 万套。问题是，随着互联网的发展，不再需要装帧和递送图书，人们就能在网上搜罗获取同样丰富的信息。不是说产品本身不再值此价钱，而是说人们有其他办法了。我看不出有什么事情能够改变这种趋势。"巴菲特认为，报纸和其他媒体行业的本质已经发生改变，但股票价格还没有反映这一点就有点儿让人担心了。巴菲特很可能会卖出华盛顿邮报和 World Book 等报刊类公司。

巴菲特在推出时机的把握上主要遵循四个原则。一般他会参考这四项中的一种或几种。一是当投资对象不再符合标准；二是当他预料某个事件发生时，当他做收购套利交易时，收购完成或泡汤的时候就是他退出的时候；三是他的目标得以实现时；四是在他认识到犯了一个错误时。

找到更有吸引力的目标时卖掉原先的股票

在发现现有所持股已经失去原来的吸引力的时候，果断地抛出，寻找下一个足以让你心动的目标。利益最大化的增长是每个投资者都希望的。当你寻找到更有吸引力的公司时，它很可能比原来你所投资的项目更加适合你，而这时，任何人都会倾向于选择有吸引力的一方。

巴菲特说："不管你在一笔投资中投入了多少时间、心血、精力和金钱，如果你没有事先确定退出的策略，一切都可能化为乌有。"

巴菲特上面这段文字，再一次强调了卖出的重要性。我们都知道选股和买入时机的重要性，但是往往却忽视退出时机的重要性，无论你选择了多么优秀的一只股票，一旦你发现它不再像开始时那么具有吸引力时，要坚决卖出。

1991 年，巴菲特的伯克希尔—哈撒维公司投资近 2.5 亿美元购买了 3127.4 万股吉尼斯公司的股票，占吉尼斯公司股份总额的 1.6%。当时，吉尼斯公司是全球最大的生产和销售名酒饮料的公司，是英国第四大出口商和第十一大公司。但是对于这只股票，到 1994 年的时候他就果断地卖掉了，因为它已经没有盈利空间了。

早在 2003 年 4 月，正值中国股市低迷徘徊的时期，巴菲特以约每股 1.6 至 1.7 港元的价格大举介入中石油 H 股 23.4 亿股，这是他所购买的第一只中国股票，也是现有公开资料所能查到的巴菲特购买的唯一一只中国股票。但是令人不解的是，11 亿股中石油 H 股，15 元左右几乎全部出尽，而且是在油价创出持续新高和中石油马上就要增发 A 股的内外利好背景下，"股神"巴菲特的做法就是与众不同。既然巴菲特认为中石油是家好公司，为什么要把股票卖掉呢？首先，石油的价格是重要的依据，因为石油企业的利润主要依赖于油价，如果石油在 30 美元一桶时，情况很乐观；如果油价到了 75 美元，不是说它一定就会下跌，但至少情况并没有那么乐观了。巴菲特买入中石油和卖出中石油，一个很重要的原因是油价。当石油价格较低的时候，他认为石油价格将会上升，石油公司自然会从中受益，所以他买入了中石油的股票；而当石油价格很高的时候，他认为油价继续上涨的可能性较小，那么，石油公司的利润再要大幅增长将会很困难，所以选择了卖出股票。

巴菲特不断用他投资时所使用的标准来衡量他已经入股的企业的质量。如果他的一只股票不再符合他的某个投资标准，他就会把它卖掉，并不会考虑其他因素。巴菲特认为，目前中国股市的涨幅已经很大，而人们还在不顾风险争相入市。正因为如此，他卖中石油股票时没有丝毫的犹豫。

巴菲特在遇到更有吸引力的公司的时候一定会抛出那些相对来说吸引力低的股票。因为只有这样才能将投资优化，用最少的精力挣回最多的钱。要知道投资的目的并不是要买到全部价格在增长的股票，而是要合理配置自己的精力和资源，在自己的能力范围内，得到最大化的回报。当然，有些投资者的做法是倾向于把资金投放在多个公司的股票上，但事实上，这种做法不一定就比投放在几个集中的股票上更明智。过多分散的投资，过多的公司，也就代表过多的风险。

巴菲特设立止损点

作为投资者，每一次买进前要确定三个价位，即买入价、止盈价和止损价。如果这个工作没有做好，严禁任何操作，学习止损并善于止损才是在股市中生存发展的基本前提！

当然，对于投资者来说，止损绝不是目的，但止损理念的彻悟和止损原则的恪守却是投资者通向成功之路的基本保障。

巴菲特说："入市要有50%的亏损准备。"

很多长期投资者也许都会认为，巴菲特一旦买进，就永远持有，都不会卖出，那你就错了。从巴菲特上面一句很简短的话，就可以看出大师对止损的重视程度。所以，像巴菲特这样的大投资家也会止损，在哪里止损？在所投资公司失去成长性时、基本面恶化时，止损！投资的止损不同于投机的止损，投机的止损只相对于价格的变化，而投资的止损是相对于基本面的变化。一份“止损单”是一份买进或卖出股票的交易单，当这些股票达到或超过一个预定价格时要执行。“买股止损单”一般在目前交易价之上被执行，“卖股止损单”一般在低于目前交易价的价格被执行。一旦触发该价位，该止损单就成为市场交易单，表明该投资者将在最有利的价位交易。

比如说，你以 40 美元的单价买了某公司的 100 股股票，现在它的价格只有 28 美元了，对于持有成本为 4000 美元的股票来说，现在只值 2800 美元，你损失了 1200 美元。不管你卖掉股票而改持现金，还是继续持有股票，它都只值 2800 美元。即使不卖，股价下跌时你还是会受损。你最好还是卖掉它们，回到持有现金的位置，这样可以让你从更客观的角度上思考问题。如果继续持有从而遭受更大损失的话，你将无法清醒地思考问题，总是自欺欺人地对自己说：“不会再降价了。”可是，你要知道还有其他许多股票可以选择，通过它们，弥补损失的机会可能要大一些。

大致说来，巴菲特的止损理念主要有如下三个要点：

1. 根据自身情况，确定止损依据

通常而言，止损的依据是个股的亏损额，即当某一股票的亏损达到一定程度时，应斩仓出局；但止损的依据也可以是某个投资者的资金市值，这常常是针对投资者的整个股票投资组合来说的。当总的亏损额超过预定数值时，应减少或清仓。

2. 确定合适的止损幅度

能否合理地设置止损位，是止损理念的关键所在。这通常需要投资者根据有关技术和投资者的资金状况决定。但在不同的止损依据下，设置止损位考虑的重点也有所区别。

3. 意志坚定地执行止损计划

巴菲特认为，止损计划一旦制订，就需要意志坚定地执行，这是止损操作的关键。他强调，在应该止损时绝不要心存侥幸，决不能用各种理由来说服自己放弃或推迟实施止损的计划。当然，止损计划的实施也可以随行情的变化而适当调整，但必须牢记的是，只能在有利的情况下才能调整止损位，即只允许当原投资决策正确、股价已有一定涨幅后，方能随行情的发展逐步调整原定的止损位，在保证既得利益的同时，尽量赚取更多的利润。

个人投资者一定要很明确坚持这样一个原则：每只股票的最大损失要限制在其初始投资额的70％～80％之内。由于投资额较大和通过投资种类多样化降低总体风险，大多数机构投资者在迅速执行止损计划方面缺乏灵活性。对机构来说，很难快速买入卖出股票，但快速买卖股票对它们执行该止损准则来说又是非常必要的。所以对于作为个人投资者的你来说，这是一个相对于机构投资者的极大优势，所以要利用好这一优势。记住，70％或80％是绝对的止损限额。你必须毫不犹豫地卖出那些股票——不要再等几天，去观望之后会发生什么或是期盼股价回升；没有必要等到当日闭市之时再卖出股票。此时除了你的股票下跌70％或80％这一因素，就不会有什么东西去对整个行情产生影响了。

第三节　巴菲特的套利法则

通过并购套利使小利源源不断

对于那些试图在股市中可以稳操胜券的投资者们，只需察看巴菲特始于20世纪20年代惊人的套利记录就足够了。在巴菲特的案例中，很明显，推动其年收益超出一个老练的投资者预期水平的一个至关重要的因素就是并购套利，事情就是这样简单，也是最值得称道的。并购套利的妙处在于可以使投资者的年收益最大化并使你的损失降到最小限度。公司通常会封锁何时达成交易的信息，这对投资者的收益会产生重大影响。

巴菲特在 1982 年的年度报告里写道："在我看来，格雷厄姆—纽曼公司、巴菲特合伙业务以及伯克希尔连续 63 年的套利经验表明，有效市场理论是多么的愚蠢，少数几个幸运的例子并不能改变这样的结论，我们不必去发掘那些令人困惑的事实或者挖空心思地去探究有关产品与管理的奥秘——我们只是去做那些一目了然的事情。"

善于套利是巴菲特的一项特殊才能。他认为，如果你有把握在短期套利中获得短差，就可以考虑买入这样的股票。如果每一笔交易对你都有利，就会积少成多，从而使得获利非常可观。他自己就经常用这种手法进行短期套利，并且获利颇丰。

所谓套利，是指巧妙掌握股票投资时效，在买入一种期货合约的同时，卖出另一种期货合约。这种期货合约对象，可以是同一种期货品种、不同交割月份（表现为跨期套利），也可以是不同期货市场上的同一种期货（表现为跨市套利），更可以是完全不同的两种期货（表现为跨货套利）。

短期套利的目的，主要是为了提前锁定利润、减少风险，在不同期货交易中，利用做多、做空的价差变动获得投资回报，与绝对价格水平关系并不是很大。

套利的好机会一般出现在公司转手、重整、合并、抽资、对手接收的各关口。在巴菲特有限公司早期，巴菲特每年都以 40％的资金用于套利。

1962 年美国股市纷纷下跌之时，巴菲特就是通过套利投资度过了这一段最困难的时期。当年道琼斯工业指数下跌 7.6％，而巴菲特有限公司的年收益率却高达 13.9％。

1915 年，巴菲特的恩师杰明·格雷厄姆买入了古根海姆公司的股份，这是一家控股公司，每股价值为 69 美元。古根海姆拥有 4 家铜矿公司小部分股份，这 4 家公司分别是凯尼科特公司、奇诺铜业公司、美国冶炼公司以及雷氏联合公司。古根海姆合计的股份超过了每股 76 美元。在账面上，一个投资者仅以 69 美元的价格就获得了价值 76 美元的资产，这种情况是不可能无限期地保持下去。因为古根海姆的股价至少会涨到 76 美元，这样就可以稳稳赚到每股 7 美元的利润。

并购套利的运作，实际上是在试图获得股票的市场价格与交易的市场价格之间的差价。交易价格就是一个公司并购另一个公司时支付的价格。例如，甲公司或许会以每股 85 美元的价格买入乙公司。如果乙公司每股的市价为 80 美元，那么一个投资者就可以买入乙的股票，并一直持有到交易完成时再卖给甲公司。这样他就会锁定一个 5 美元的利润。5 美元的利润表示你 80 美元的投资带来了 6.25%的收益。如果 B 公司的股价跌到 80 美元以下，潜在的收益就更高。

在这个例子中，5 美元的利润意味着 12.9%的年收益，如果这项交易恰好在你购买后的 6 个月内完成。如果交易在 4 个月内进行，你的年收益将超过 20%。这是相当吸引人的。一旦交易结束，从 A 公司收回了资金，投资者就可以把收入投入到能够产生类似盈利机会的另一笔交易中。

假如，投资者能够在 3 个月内完成的一系列连续交易中使收益率达到 10%，假定投资者把此前的每一笔交易的利润都进行再投资，那么投资者的复利收益在整个年度将达到惊人的 46.4%。他告诉他的客户们，他们 35%的资金被投入一种股票中，其余的资金投入到某些被低估的股票以及并购套利交易中。

总的看来，巴菲特合伙资产的第二大要素就是并购套利。巴菲特很少告知投资者们他正在操作的套利交易的具体形式，但是他会公开他正在运作的交易规模以及他采取融资的手段进行某些交易。

把握套利交易的原则

大多数套利者每年会参与几十次交易，而巴菲特坚持少而精的原则，只找一些重大财务交易事项进行套利。几十年来，他由此获得的年平均套利收益率高达25%。

巴菲特说："如果每笔交易都对你有利的话，把一连串的套利交易汇集在一起，投资者就可以把收益较低的每笔交易最终变成一个获利丰厚的年收益。"

套利的好机会一般出现在公司转手、重整、合并、抽资、对手接收的各关口。在巴菲特有限公司早期，巴菲特每年都以40%的资金用于套利。

巴菲特最喜欢两种套利手法：一是用中期免税债券替代现金；二是接受长期资金的投资委托。

用中期免税债券替代现金，就是将多余的现金用于套利投资。究其原因在于，免税债券与短期国库券相比，税后收益更高。如果你因为某种原因急需卖出免税债券，这时候就会面临着承担资本损失的风险，而这时候如果通过套利，就能用收益上的获利来弥补这种潜在损失。

接受长期资金投资委托后，往往会遇到没有适合当前长期投资的机会，这时候怎么办呢？采用以中期免税债券替代短期国库券的换券操作手法，会比其他短期投资方式获利更多。几十年的投资经历表明，巴菲特通过这种方式实现的年平均投资回报率高达25%（税前）。

对于套利的交易巴菲特持比较谨慎的态度，但是如果能够把握住套利的交易原则，利用以下六项原则能够实现盈利目标。

1. 投资于"现价"交易而不是"股权交易"，并且只在消息正式公布后才进行交易

以现金形式50美元进行报价这是应该进行优先考虑的。这时的交易是具有固定的交换比率的。一定要避免有可能使你的最终收益低于原始报价的交易。如果一家股票市值为50美元的公司准备交付1.5份股票，如果到交易结束时股价降到30美元，那么你最终只能得到45美元。

2. **确定出预期收益率的下限**

在每次交易之前，计算出潜在的利润和亏损以及它们各自发生的概率，然后确定出交易需要的时间以及你潜在的年度收益，避免那些低收益的交易。

3. **确保达成最后的交易**

如果交易失败，目标股票的价格就会突然下降。许多因素都能够使交易失败，这些因素包括政府的反垄断干预、决策者们在补偿问题上的争执或者任何一家公司的股东们投票否决了并购计划、收购商的股票价格突然下跌。某些并购，包括那些涉及公用设施或者外国公司的交易，可能要用一年以上的时间才能完成，这就会在相当长的时间内套牢你的资金。

4. 如果你决定介入“股权合并”交易，一定要选择那些具有高护价能力的交易

在交易活动被宣布之后，并购活动应该能够确保目标股票的价格不至于下降。通常情况下，收购者会根据自身的股票价格提供一个可变动的股份数额。

5. **不要过分地把利润寄托在套利交易上**

盲目地选择一桩交易，在长期内可能只会得到一般水平的收益。你必须养成良好习惯，对所有相关的事实进行仔细的研究。当市场价格与并购价格差距很大时，就表明参与者们正在为交易失败感到忧虑，一些人或许已经获悉了有关交易将无法继续进行的信息。

6. 如果你能够确信交易必然成功的话，不必对用保证金来购买套利股份感到担心

对于普通的投资者而言，坚持以上六项套利交易原则的话，就会大大降低你在套利交易中的损失。当然还需要特别注意的是，套利的主要风险是，一旦你的交易失败后，如果是借钱进行套利的话，那么这就会增加你的亏损。

像巴菲特一样合并套利

投资者需要明白的是，在投资生涯中可能有很多种套利的形式，比如合并套利、相关价值的套利、可转换套利、定息套利，还有其他很多短期操作的特殊形式的套利。事实上对于某个特定的公司来说，如需要在一宗交易中投入数量规模很大的资金，从而使得一些市场容量小的投资选择就不再适合这些套利策略了。也就是说，投资者应用套利模式赚钱应该首先选择那些市场容量相对较大的公司。

巴菲特在1985年公司年报里说："给某人一条鱼，他只能吃一天；教他去套利，则可享用终生。"

由于一次套利的不成功，巴菲特拥有伯克希尔—哈撒韦公司。因为一次套利的不成功，而使他由股票的交易者转变为该公司的长期投资者。当时该公司正在交易几乎其面值一半的股票，并且通过股权收购的方式定期将股票买回。巴菲特原本购买这家公司股票的目的是等待招标，然后再将这些股票卖出去，这几乎是一个无风险的套利，因为他以低于清算价值的价格买入股票，并且该公司也定期以更高的价格购回股份。这种双边的安全边际就是巴菲特式交易的特征。不管怎样，正是由于"退出"使得巴菲特得以构建一个价值超过1000亿美元的公司。当时该公司的CEO是杰克·斯坦顿，他问巴菲特愿意以何种价格卖出他的份额，巴菲特提出113～118美元/股，这家公司继续其收购行动，并且以111～114美元/股的价格意图与巴菲特一较高下。巴菲特最后还是拒绝了该公司的股权收购，相反的是他买入了更多的股份，并且辞掉了斯坦顿——最后自己担任了 CEO 和董事会主席的角色。我们只能希望斯坦顿抓紧他可能已经获得的股份。在他的合伙公司创立的早期，巴菲特将他的投资活动分成三部分："一般市场""疲软市场"和"控制市场"。

"一般市场"的投资依靠的是长期价值投资，股票价值主要取决于面值的折现，同时将一些质量标准也应用其中（1964 年的"色拉油丑闻"事件后，巴菲特将他大部分的资金投放在美国运通的股票上即为一例）。通常情况下的控制市场就是对一般市场的"促进"（或"降级"，取决于你的观点），这就表示巴菲特买到的股份最终控制了这家公司。这种情况通常发生在"雪茄烟蒂"股票上，巴菲特能够以相对面值很大的折价买入股价被严重低估的股票，他并不反对接管该公司的所有权，因为他可以通过控制清盘来保证他的投资能够获利。他将这种股票称为"雪茄烟蒂"股票，因为如果你在地上发现一个雪茄烟蒂，可能还可以再吸上两口，那就是它的价值。

关于"疲软市场"，巴菲特表示它们是附有时间表的证券，它们产生于公司的经营活动——出售、合并、重组、资产分拆等。在此我们不谈论有关公司发展的谣言或"内部信息"，而是关注公司公开宣称的经营活动。一直要等到能在报纸上或报表上看到这些消息时，才能开始自己的投资决策。风险并不主要取决于市场的整体行为（尽管有时候在某种程度上是相关的），而是那些扰乱市场，使得预期发展不能实现的因素。这些令人不愉快的因素包括反托拉斯法或政府的其他管制行动、股东不赞成、预扣赋税规则等。在许多疲软市场中获利量看上去很少。然而，良好的预测能力加上短期持有就会产生一个可观的年收益率。在这种类型的市场上，我们可以年复一年地获得比一般市场上更稳定的绝对利润。在任何给定的一年中，巴菲特 50% 或以上的利润都是在这种市场疲软的状况下获得的。

巴菲特相对价值套利

投资者在应用这种方法进行套利时，应该知道这种策略有两种风险，第一种风险是基本风险，这种风险发生在两种证券的股票价值在不可能趋于一致的情况下，比如，在母公司可能破产的情况下，而最终在破产之前将资产分拆中的股票价值作为抵押。对于套利者来说，另外一种风险就是金融风险，即使在两种证券价值都趋于一致的情况下，这样对于最初的套利行为来说很可能就会导致潜在的损失。

巴菲特说："当我们的钱比想法多的时候，我们有时会进入套利领域。"

巴菲特和他的前辈曾经专门研究过另外一种套利——"相对价值"套利，这属于巴菲特"债务重组"策略最为基础的部分。相对价值套利就是预先购买一种资产，到时转换成其他的资产，这样就能够获得较大的价值。

简单地列举一个最为突出的例子就是 Palm Computing 公司和 3Com 公司的案例。在 3Com 决定公开将持有的 Palm 股票出售时，Palm 就从 3Com 中分离出来了。在第一天的交易中，Palm 公司的股价就暴涨，以至于 3Com 以前所持有的那部分 Palm 公司股本价值比 3Com 自身最高的市场价值还要高。这个市场有效地度量出 3Com 当前不断发展的经营价值小于业已存在 30 年的能巨大盈利的零经营情况，我们将在后面更加详细地讨论这个例子。

另外一个例子发生在 1915 年格雷厄姆就职于 Newburger, Loeb&Company，他偶然发现下面的相对价值套利公司：古根汉（Guggenheim）开发公司，现在曼哈顿闻名于艺术博物馆的古根汉家族就是靠购买和开发矿产而发家的。古根汉开发公司持有很多家矿业公司的股份。在 1915 年 9 月 1 日，这家公司决定把持有的其他公司的股票分发给它的股东。那天的交易价格是每股 68.88 美元，所以格雷厄姆算出买一股古根汉开发公司的股票将带来净套利利润 7.35 美元，他在购买古根汉开发公司股票的同时卖空了相应公司的股票，这样就锁定了利润。

在 20 世纪 20 年代，当时杜邦公司资本来源于它在战争时期得来的现金，购得通用汽车公司大部分股票。尽管市场对杜邦公司其他业务大打折扣的同时，对 3Com 公司的业务也不够看好，格雷厄姆仍然通过购买杜邦公司股票卖空通用汽车股票而获得的利差作为资本。虽然格雷厄姆还是看重杜邦公司的股票，但只看重通用汽车那部分，而对该公司持有的其他方面股票作为零价值处理。

封闭式基金套利

任何套利交易都不是完美的，单边头寸的风险，在其对冲投资组合中会有一部分被消除，但仍然会有一部分被保留下来。保留下来的越少，表明套期保值效果越好，投资面临的风险也就越小；相反，如果保留下来的越多，则套期保值效果越差，投资面临的风险也就越大。

2006 年巴菲特在给股东的信里说："历史证明，随着时间流逝，几乎所有封闭式基金都会进行折价交易，在最初的时候，这些封闭式基金卖出得到的佣金就是 6%，最初的投资者只得到了所投入 1 元中的 94 分，假如我能够在 X 的价位买开放式基金或以 1.2X 的价位购买封闭式基金，那要让我买封闭基金你得让我相信它的管理者很特别才行，偶尔我会看到封闭式基金很长时间以溢价在交易，但最终它们会回到折价交易。"

巴菲特并不会盲目地采用封闭式基金套利策略，而常常会另辟蹊径。巴菲特在封闭式基金世界里的策略是这样的：

（1）寻找在净资产价值折价的基础上交易的基金。

（2）折价比应有的要大。

（3）寻找使得基金价格趋近于NAV的催化剂。这种催化剂可能是公司管理层的更换，也可能是公司出现的清算，还可以是自己计划接管基金的控制权，并同时引发上面两种可能的发生。

举例来说，在20世纪70年代。巴菲特和芒格开始买进“Fundof Letters”的股份。Fundof Letters始建于歌舞升平的20世纪60年代，正好是当巴菲特由于股市缺乏机会而逐渐缩小投资规模之时。繁荣的经济加上注意力的聚集燃起了投机的火焰。卡尔和他的基金公司在1967年赚到了177%的利润，在1968年则赚了44%的利润，与此同时，标准普尔500指数分别只上升了25%和11%，并在1968年成立了封闭式基金资源资本，以满足公众对这类投机的需求。事实上，他们采取的策略就是简单地保持资金从一个热点流动到另一个热点，投资会往最吸引人的地方运动，这一情况在20世纪90年代晚期又出现了一次，那时所有的钱都向和“.com”有关的东西涌去。当戈戈舞类型的投资在70年代土崩瓦解时，卡尔和他的基金信誉扫地，投资者四散逃走。当巴菲特和芒格控制下的蓝带印花票证公司开始积累股份时，曾有每股18美元的净资本价值的资源资本被以50%的折价，也就是每股9美元的价格卖掉了。

最后他们拥有了该基金20%的股份，芒格加入了该公司的董事会。在卡尔离开之后，资源资本在乔治·麦可利斯的领导下成为价值投资的避风港。麦可利斯以其对公司估价的方法而著称，这一方法被称作麦可利斯比率。

麦可利斯总收益率＝收益率＋增长率

收益率＝（股东权益报酬率×派息比率）/账面价值的价格

增长率＝股东权益报酬率×再投资比率

派息比率＝每股股息/每股盈利

再投资比率＝100%－派息比率

也就是说，这种方法十分强调在可能的账面价值折价下的股本回报率和稳定的增长率。这是格雷厄姆—多德风格的投资以及巴菲特和芒格经常使用的成长投资的有趣儿的结合。在1975年，他们的股份翻倍了，巴菲特和芒格开始清算他们的资产。他们之所以这样做并不是因为麦可利斯（在他持有期间曾经获得18%的年收益）的方法，而是出于简化持有的资产的目的。在此期间，巴菲特和芒格开始把他们在伯克希尔公司、多样化零售公司和蓝带印花票证公司合并为伯克希尔—哈撒韦旗下的一个联合公司。

投资者在应用封闭式基金套利时应该注意的是，它主要有两个套利机会：一是封闭式基金到期时会转为开放式基金，投资者可以按净值赎回，所以在实施“封转开”停牌前基金价格会大幅上涨，迅速向净值靠拢；二是大比例分红，折价交易的封闭式基金在分红后，折价率会自然上升，如果要回复到分红前的折价率水平，那么交易价格就必须上升，由此也会带来套利机会。即使在市场中存在大量的套利机会，在应用的时候仍然不能将它作为一种短期的套利工具，应该将其作为一种长期的投资工具，并同时关注两项指标：一项是折价率大的，另一项是净值增长速度快的。

第七章　巴菲特教你如何防范风险

第一节　巴菲特规避风险的六项法则

面对股市，不要想着一夜暴富

对于投资者而言，“避免风险，保住本金”这八个字，说起来容易，做起来却不容易。股市有风险，似乎人人皆知，但是，当人们沉醉在大笔赚钱的喜悦之中时，头脑往往会发热，就很容易把“风险”两字丢到一边。世界上“没有只涨不跌的市场，也没有只赚不赔的投资产品”。在成熟度不高、监管不规范、信息不对称、经常暴涨暴跌的中国股票市场，不顾一切，盲目投资无疑是危险行为。

巴菲特说：“成功的秘诀有三条：第一，尽量规避风险，保住本金；第二，尽量规避风险，保住本金；第三，坚决牢记第一、第二条。”

实际上，巴菲特这三条秘诀总结起来就是八个字：避免风险，保住本金。巴菲特的名言是他投资股市的经验总结。他从1956年到2004年的48年中，股市的年均收益率也只有26%。由此可见，他的巨额家产也不是一夜暴富得来的。

以中国股市来说，自从2006年股市一路高歌以来，大众亢奋和“羊群效应”越发明显。越来越多的人认为，股市成了一只“金饭碗”，只要投钱进去，“金饭碗”里就能源源不断地生出钱来。左邻右舍相继入市，农民开始炒股，和尚开始操盘，即使平日最保守、最沉着的人也摇摇晃晃地入市了。有人卖房、有人贷款、有人辞职，证券营业部人满为患，系统不堪重负，上班族人心浮动……恐怕没有人不承认，股市泡沫已经令人担忧。可既然大家都知道股市泡沫重，为何还如此疯狂？显然，面对股市，我们已经不仅从投资跃入了投机，而且从投机跃入了赌博！

中国股市，从一定角度讲还是一个资金市，源源不断的资金进入，才是行情不断高涨的根本原因。在股市的狂热下，炒股者多会觉得总有后来者，就像掉进传销网络的人，总认为还有大量的下线等着送钱进来。可历史早就证明，没有哪一波大牛市不是以套牢一大批投资者作为最后“祭品”的，这一点，炒股者也“理性”地清楚。前方是巨大的利益引诱，后面是怕成“祭品”的担忧，使贪婪与恐惧这两种人性弱点最充分地体现在了炒股者身上。

中国证监会于2007年5月11日发出通知，要求加强对投资者的教育，防范市场风险。并且特别要求，“告诫”那些抵押房产炒股、拿养老钱炒股的投资者，千万理解并始终牢记：切勿拿关系身家性命的生活必需和必备资金进行冒险投资。可谓良药苦口，正当其时。

遇风险不可测则速退不犹豫

2005年巴菲特在致股东的信里说：“为了满足保险客户的需求，在1990年通用再保险设立衍生交易部门，但在2005年我们平仓的合约中有一个期限竟然是100年。很难想象这样的一个合约能够满足哪方面的需求，除非是可能只关心其补偿的一个交易商在他的交易登记簿中有一个长期合约需要对冲的需求。”

“设想一下，假如一个或者是更多家企业（麻烦总会迅速扩散）拥有数倍于我们的头寸，想要在一个混乱的市场中进行平仓，并且面临着巨大的广为人知的压力，情况会变成怎样？在这种情形下，应该充分关注事前而不是事后。应该是在卡特里娜飓风来临之前，考虑且提高撤离新奥尔良的最佳时机。

“当我们最终将通用再保险的证券交易部门关门大吉之后，对于它的离开我的感觉就像一首乡村歌曲中所写的那样：‘我的老婆与我最好的朋友跑了，我想念更多的是我的朋友而不是我的老婆。’”

上面这段话是巴菲特在2005年将通用再保险的平仓合约持有后的一段话，可以说巴菲特这项投资是很失败的，他的经验教训就是一旦该项投资遇到不可测的风险时，绝不要恋栈。

2004年3月，美国国际集团承认公司对一些账目处理不当，伯克希尔—哈撒韦下属的通用再保险公司曾经与其合作过一笔“不符合规定”的再保险交易，这笔业务应该属于贷款而非保险交易。

通用再保险公司自从1998年被收购以后就一直风波不断，1998年与同属伯克希尔—哈撒韦的国家火险公司为FAI保险公司出售再保险产品，经商定后达成秘密协议：FAI公司在3年内不得寻求保险赔偿。这项规定在很大程度上弱化了该产品转移风险的功能，摇身一变成了短期贷款。FAI公司不久被澳大利亚第二大保险商HIH公司收购，因FAI公司的资产负债表被人为美化，HIH公司利润也随之虚增。澳大利亚监管部门调查后决定，自2004年10月开始禁止通用再保险公司的六位主管在澳大利亚从事保险业活动。澳大利亚监管部门还发现，违规操作的再保险产品来自于通用再保险公司位于爱尔兰首都都柏林的一个团队，而爱尔兰金融服务管理局也开始对通用再保险公司在爱尔兰的经营活动展开调查。

2004年3月，该公司公布的盈利报告显示去年净利润下降10%，由2003年的近82亿美元减至73亿美元。相比美国股市的总体表现，巴菲特在股市上的投资业绩出现了明显下滑。以标准普尔 500 指数为例，该指数成分股在 2003 年和 2004 年的平均账面净值增长率分别达到 28.7%和 10.9%，均超过了巴菲特的伯克希尔公司—哈撒韦公司。与股市投资不景气相对应的是，伯克希尔—哈撒韦公司的现金大量闲置，截至 2003 年 12 月，公司的现金存量由 2003 年的 360 亿美元升至 430 亿美元。2003 年，伯克希尔公司决定让通用再保险退出酝酿巨大风险的衍生品业务，当时它有 23 218 份未平仓合约。2005 年初下降为 2 890 份，2005 年底平仓合约减至 741 份，此举在当年让伯克希尔付出了 1.04 亿美元的代价。

对于普通的投资者而言，也许在你的投资道路上总会遇到不可预测的风险，在这种时候大多数投资者似乎都会抱着一丝希望，但是正是这种渺茫的希望让他们陷得更深。事实上，在这种时候正确的做法就是，无论暂时的斩仓痛苦有多大，坚决退出。如果巴菲特当时不退出，2008 年的“次贷危机”爆发后，他也许就退不了了。

特别优先股保护

特别优先股可以给投资者特别的保护，巴菲特在“次贷危机”中，仍然敢于买进通用电气和高盛的股票。这两支股票同样都是特别优先股，这类股票拥有股价上的安全边际，能够合理地利用自己的话语权去建立技术性的安全边际也是一项厉害的投资技术。

1996 年巴菲特在致股东的信中写道：“当维京亚特兰大航空公司的老板理查德·布兰森，被问到要怎么样才能变成一个百万富翁的时候，他的回答是：‘其实也没有什么，你首先需要变成一个亿万富翁，然后再去购买一家航空公司就可以了。’”

在 1989 年的时候，巴菲特以 3.58 亿美元的价格买了年利率为 9.25%的特别股。那时候，他非常喜欢美国航空的总裁埃德·科洛德尼，直到现在仍然没有改变。但是，现在，巴菲特觉得他对于美国航空业的分析研究实在是过于肤浅并且错误百出，他被该公司历年来的获利能力所蒙骗，并且过于相信特别股提供给债券上的保护，以导致他们忽略了最为关键的一点，美国航空公司的营业收入受到了毫无节制的激烈价格战后大幅下降，同时该公司的成本结构却仍然停留在从前管制时代的高档价位上。

从巴菲特上面的这项投资中，能够看出巴菲特在当初的投资时买的是特别优先股，那就意味着公司每年要付给伯克希尔9.25%的利息，加之还有一项“惩罚股息”的特别条款，这就意味着如果该公司要延迟支付股息的话，除了需要支付原有欠款外，同时还必须支付5%利率的利息。这就导致了在1994年和1995年伯克希尔都没有收到股息，所以，在此之后美国航空就不得不支付13.25%和14%的利息。在1996年下半年美国航空公司开始转亏为盈的时候，它们果真开始清偿合计4790万美元的欠款。

所谓的优先股是相对于普通股而言的，主要指在利润分红及剩余财产分配的权利方面，优先于普通股。在公司分配盈利时，拥有优先股票的股东比持有普通股票的股东分配在先，而且享受固定数额的股息，即优先股的股息率都是固定的，普通股的红利却不固定，视公司盈利情况而定，利多多分，利少少分，无利不分，上不封顶，下不保底。

以巴菲特2008年50亿美元买入的高盛优先股为例来说明，优先股和债券一样，享有固定的红利（利息）收益，高盛给巴菲特的是10%。意味着，每年高盛要支付5亿美元的固定红利，当然如果以后高盛的分红率更高，巴菲特也只能拿10%，但这已经大大高于国债利率了。除了安全，巴菲特没有放弃可能的获取暴利的机会，同时获得了一个认股权证，5年内可以以每股115美元的价格，认购50亿美元额度之内的高盛股票，当然现在高盛的股价已经大大低于 115 美元，但是只要 5 年内高盛股价高过这个价格，巴菲特还可以从认股权中获得超额利润。

由于巴菲特选择的是永久性优先股，意味着不能转成普通股，但是只要不被赎回，就可以永远拿 10%的股息。当然，巴菲特也并非绝对安全，如果高盛真的破产的话，他的权利也无法兑现。但是优先股的股东可先于普通股股东分取公司的剩余资产。

等待最佳投资机会

投资是“马拉松竞赛”，而非“百米冲刺”，比的是耐力而不是爆发力。对于短期无法预测、长期具有高报酬率的投资，最安全的投资策略是：先投资，等待机会再投资。投资者应记住的是，在下降通道中参与投资，风险无形中放大了好多倍，成功率大大降低，所以，请耐心等待重大投资机会的到来。

巴菲特说：“许多投资人的成绩不好，是因为他们像打棒球一样，常常在位置不好的时候挥棒。”

巴菲特说，在他的投资生涯中，曾经至少三次的经验，看到市场有太多的资金流窜，想要用这一大笔资金从事合理的活动似乎是不可能的事情。然而，4 年过后，却看到“我一生中最好的投资机会”。

其中一次是发生在 1969 年，也就是巴菲特结束他首次的投资合伙事业的时候，这个过程值得巴菲特迷们好好去研究，因为对很多中国的巴菲特迷来说，如何挖到第一桶金很重要，目前巴菲特管理几百亿美元的经验，对想获得第一桶金的投资人来说，并没有太大的意义。然后在 1998 年，当长期资本管理公司这家避险基金公司出现问题的时候，投资界突然出现了绝佳的投资机会。

托伊·科布曾说过：“威廉姆斯等球时间比别人都多，是因为他要等待一个完美的击球机会。这个近乎苛刻的原则可以解释，为什么威廉姆斯取得了在过去70年里无人能取得的佳绩。”巴菲特对威廉姆斯敬佩有加，在好几个场合，他与伯克希尔的股民分享威廉姆斯的近乎苛刻的原则。在《击球的科学》一书中威廉姆斯解释了他的击球技巧。他将棒球场的击球区划分成77块儿小格子，每块儿格子只有棒球那么大。巴菲特说：“现在，当球落在‘最佳’方格里时，挥棒击球，威廉姆斯知道，这将使他击出最好的成绩；当球落在‘最差’方格里时，即击球区的外部低位角落时，挥棒击球只能使他击出较差的成绩。”

威廉姆斯的打击策略如果运用到投资上显然极为恰当。巴菲特认为，投资就像面对一系列棒球击球那样，想要有较好的成绩，就必须等待投资标的的最佳机会到来。许多投资者的成绩不好，是因为常常在球位不好的时候挥棒击球。也许投资人并非不能认清一个好球（一家好公司），可事实上就是忍不住乱挥棒才是造成成绩差的主要原因。

那么，我们怎样才能克服这种毛病呢？巴菲特建议投资者要想象自己握着一张只能使用20格的“终身投资决策卡”，规定你的一生只能做20次投资抉择，每次挥棒后此卡就被剪掉一格，剩下的投资机会也就越来越少，如此，你才可能慎选每一次的投资时机。对又低又偏外角的球尽量不要挥棒，威廉姆斯就是宁愿冒着被三振出局的风险去等待最佳打点时机的到来。投资者是否能从威廉姆斯的等待最佳打点时机中获得启迪呢？巴菲特说：“与威廉姆斯不同，我们不会因放弃落在击球区以外的三个坏球而被淘汰出局。”

运用安全边际实现买价零风险

理性投资者是没有理由抱怨股市的反常的，因为其反常中蕴含着机会和最终利润。从根本上讲，价格波动对真正的投资者只有一个重要的意义：当价格大幅下跌后，提供给投资者低价买入的机会；当价格大幅上涨后，提供给投资者高价卖出的机会……测试其证券价格过低还是过高的最基本的方法是，拿其价格和其所属企业整体的价值进行比较。

巴菲特说："我们强调在我们的买入价格上留有安全边际。如果我们计算出一只普通股的价值仅仅略高于它的价格，那么我们不会对买入产生兴趣。我们相信这种'安全边际'原则——本·格雷厄姆尤其强调这一点——是成功的基石。"

上面的这段话不仅揭示出安全边际的实质内涵，即股票的内在价值和股票的市场价格之间的差距，而且强调了在分析股票价值时运用"安全边际"可以帮我们真正实现买价零风险。

"安全边际"是价值投资的核心。尽管公司股票的市场价格涨落不定，但许多公司具有相对稳定的内在价值。高明的投资者能够精确合理地衡量这一内在价值。股票的内在价值与当前交易价格通常是不相等的。基于"安全边际"的价值投资策略是指投资者通过公司的内在价值的估算，比较其内在价值与公司股票价格之间的差价，当两者之间的差价（即安全边际）达到某一程度时就可选择该公司股票进行投资。

美国运通银行属于全球历史悠久、实力强大的银行之一。它在1981年的时候开始推出旅行支票，它可以解决人们旅行时带大量现金的不便。在1958年它又推出了信用卡业务，开始引导了一场信用卡取代现金的革命。截至1963年，美国运通卡已经发行1000多万张，这家银行当时在美国的地位就像中国工商银行在中国的地位一样强大。但美国运通后来出现了问题。联合公司是一家很大的公司，运用据称是色拉油的货物仓库存单作为抵押，从美国运通进行贷款。但是当联合公司宣布破产后，清算时债权人想从美国运通收回这笔抵押的货物资产。美国运通在1963年11月的调查时发现，这批油罐是色拉油海水的混合物，由于这次重大诈骗，使美国运通的损失估计高达1.5亿美元。如果债权人索赔的话，可能会导致美国运通资不抵债。

这个消息导致华尔街一窝蜂地疯狂抛售美国运通的股票。1964年年初，在短短一个多月，美国运通的股票价格就从60美元大跌到35美元，跌幅高达40％。

在这期间，巴菲特专门走访了奥马哈的餐馆、银行、旅行社、超级市场和药店，但是他发现人们结账时仍旧用美国运通的旅行支票和信用卡。他得出的结论是这场丑闻不会打垮美国运通公司，它的旅行支票和信用卡仍然在全世界通行。巴菲特认为，它这次遭遇巨额诈骗，只是一次暂时性损失而已，从长期来看，任何因素都不可能动摇美国运通的市场优势地位。1964年，巴菲特决定大笔买入，他将自己管理的40％的资金全部买入美国运通公司的股票。不久诈骗犯被抓住并被起诉，美国运通与联合公司达成和解，双方继续正常经营。在后来的两年时间里美国运通的股价上涨了3倍，在后来的5年的时间里股价上涨了5倍。

巴菲特神奇的“15％法则”

毫无疑问，如果投资者以正确的价格来购买正确的股票，获得15％的年复合收益率是可能的。相反，如果你购买了业绩很好的股票却获得较差的收益率也是很可能的，因为你选择了错误的价格。大多数投资者没有意识到价格和收益是相关联的：价格越高，潜在的收益率就越低，反之亦然。

1989年巴菲特在给股东的信里写道：“我们还面临另一项挑战：在有限的世界里，任何高成长的事物终将自我毁灭，若是成长的基础相对较小，则这项定律偶尔会被暂时打破，但是当基础膨胀到一定程度时，好戏就会结束，高成长总有一天会被自己所束缚。”

上面这段话表示了巴菲特在有限世界里的理性，他是不会相信无限增长的。从20世纪70年代就开始写“致股东函”，每隔两三年他都会非常诚恳地表示动辄20％～30％的增长都是不可能长期持续的。巴菲特在购买一家公司的股票之前，他要确保这只股票在长期内至少获得 15%的年复合收益率。为了确定一只股票能否给他带来 15%的年复合收益率，巴菲特尽可能地来估计这只股票在 10 年后将在何种价位交易，并且在测算公司的盈利增长率和平均市盈率的基础上，与目前的现价进行比较。如果将来的价格加上可预期的红利，不能实现 15%的年复合收益率，巴菲特就倾向于放弃它。

例如在 2000 年 4 月，你能够以每股 89 美元的价格购买可口可乐的股票，并假设你的投资长期能够获得不低于 15%的年复合收益率，那么，当 10 年之后，可口可乐的股票大致可以卖到每股 337 美元的价格，才能使你达到预期目标。关键是假如你决定以每股 89 美元的价格购买，那么你就要确定可口可乐的股票能否给你带来 15%的年复合收益率。这需要你衡量四项指标：其一，可口可乐的现行每股收益水平；其二，可口可乐的利润增长率；其三，可口可乐股票交易的平均市盈率；其四，公司的红利分派率。只要你掌握了这些数据，你就可以计算出这家公司股票的潜在收益率。仍然以可口可乐为例，可口可乐股票的成交价为 89 美元，连续 12 个月的每股收益为 1.30 美元，分析师们正在预期收益水平将会有一个 14.5%的年增长率，再假定 ·个 40%的红利分派率，如果可口可乐能够实现预期的收益增长，截止到 2009 年每股收益将为 5.03 美元。如果用可口可乐的平均市盈率 22 乘以 5.03 美元就能够得到一个可能的股票价格，即每股 110.77 美元，加上预期 11.80 美元的红利，最后你就可以获得 122.57 美元的总收益。数据具有很强大的可信度，10 年后可口可乐股票，必须达到每股 337 美元（不包括红利）才能够产生一个 15%的年复合收益率。然而数据显示，那时可口可乐的价位每股 110.77 美元，再加上 11.8 美元的预期红利，总收益为每股 122.57 美元，这就意味着将会有 3.3%的年复合收益率。如果要达到 15%的年复合收益率，可口可乐目前的价格只能达到每股30.30美元，而不是1998年中期的89美元，所以巴菲特不肯把赌注下在可口可乐股票上，即使在1999年和2000年早期可口可乐股票一直在下跌。

第二节 巴菲特提醒你的投资误区

警惕投资多元化陷阱

对于普通投资者而言，经常出现与巴菲特截然相反的景象：用区区数十万甚至数万元的资金，却分散到了十几二十家公司的股票，此外这些公司种类特别多，从高速公路到白酒，从房地产到化工……但是，真正了解这些公司的投资者又有几个呢？投资者很容易陷入多元化的陷阱，没能分散掉风险，反而造成了资金的损失。

1998年巴菲特在佛罗里达大学商学院演讲时说："假如你认为值得去拥有部分美国股票，那就去买指数基金。那是你应该做出的选择，假如你想着对企业做出评估。一旦你决定进入对企业做评估的领域，就做好要花时间、花精力把事情做好的准备。我认为不管从什么角度来说，投资多元化都是犯了大错。"

"假如做到真正懂生意，你懂的生意可能不会超过6个。假如你真的懂6个生意，那就是你所需要的所有多元化，我保证你会因此而赚大钱。如果，你决定把钱放在第7个生意上，而不是去投资最好的生意，那肯定是个错误的决定。因为第7个好的生意而赚钱的概率是很小的，但是因为最棒的生意而发财的概率却很大。我认为，对任何一个拥有常规资金量的人而言，如果他们真的懂得所投的生意，6个已经绰绰有余了。"

巴菲特素来都是反对"分散投资"，他所推崇的投资理念就是："把鸡蛋放在一个篮子里，并看好这个篮子。"纵然，巴菲特的"篮子"十分的庞大，已经不可能用个位数的股票数去装满他的篮子，但是他始终坚持长期持有，甚至宣称在他一生都不会卖出 4 家股票，当然后来他卖出了一家。

在 1965 年，巴菲特 35 岁的时候，收购了伯克希尔—哈撒韦的濒临破产的纺织企业，但是到了 1994 年底该公司已经发展成拥有 230 亿美元资产的投资王国，该公司由一家纺纱厂变成了巴菲特庞大的金融集团，发展到今天它继续成长为资产高达 1350 亿美元的"巨无霸"。从最后的分析来看，伯克希尔—哈撒韦公司的股票市值在 30 年间上涨了 2000 倍，而标准普尔 500 指数内的股票平均仅上涨了约 50 倍。

巴菲特为什么投资业绩这么突出，一个重要原因就是他从来不分散投资，根本不会随便乱七八糟地买一堆质地平平的股票。他只集中投资于少数好公司的股票。此外，巴菲特还把自己的投资精力用在做出少数重大投资决策上。

巴菲特说："在与商学院的学生交谈时，我总是说，当他们离开学校后可以做一张印有 20 个洞的卡片。每次做一项投资决策时，就在上面打一个洞。那些打洞较少的人将会更加富有。原因在于，如果你为大的想法而节省的话，你将永远不会打完所有 20 个洞。"

大多数人的公司价值分析能力很可能没有巴菲特那样杰出，所以我们集中投资组合中的股票数目不妨稍多一些，但 10～20 只股票也足够了。一定要记住巴菲特的忠告：越集中投资，业绩越好；越分散投资，业绩越差。

研究股票而不是主力动向

对于投资者而言，只要能够坚持自己的投资理念，由主力机构造成的市场波动，反而能够使真正的投资者获得更好的机会去贯彻实施他们明智的投资行动。投资者只要在股市波动的情况下，不要因为财务或者心理的作用下在不恰当的时机卖出，投资者的重点应当放在股票身上，而不是判断主力机构有没有进入该股票、接下来是不是会拉升该股票。

1987 年巴菲特在致股东的信里写道："1987 年的美国股市表现是相当令人满意的，可是到最后股指仍然没有上升多少，道琼斯工业指数在一年内上涨了 2.3%。回顾这一年的情况来看，股票的指数就像过山车一样，在 10 月份之前是一路蹿高的，之后就突然收敛下来。"

巴菲特分析这种情况说：市场之所以这么动荡，原因就在于市场上存在一些所谓的专业主力机构，它们掌握着数以万计的资金，然而这些主力机构的主要精力并不是去研究上市公司的下一步发展状况，而是把主要的精力用在研究同行下一步如何操作的动向上。

巴菲特说，有这么多的闲散资金掌握在主力机构的手中，股票市场不动荡是不可能的事，因此散户投资者常常抱怨说，自己一点儿机会都没有，因为市场完全由这些机构控制了，研究它们才是研究了市场的动向。但是巴菲特认为这种观点是相当错误的，因为不管你有多少资金，在股市面前都是平等的，反而在市场越是波动的情况下，对于理性投资者来说就越是有利的，用巴菲特老朋友许洛斯的操作情况为例来说：早在 50 多年前，当时有一个圣路易斯家属希望巴菲特为他们推荐几位既诚实又能干的投资经理人，当时巴菲特给他们推荐的唯一人选就是许洛斯。

许洛斯没有接受过大学商学院的教育，甚至从来没有读过相关专业，但是从 1956 年到 2006 年间他却一直掌管着一个十分成功的投资合伙企业。他的投资原则就是一定要让投资合伙人赚到钱，否则自己不向他们收取一分钱。那么看一下许洛斯到底是怎么操作股票的呢？

许洛斯一直都不曾聘请秘书、会计或其他人员，他的仅有的一个员工就是他的儿子爱德文，一位大学艺术硕士。许洛斯和儿子从来不相信内幕消息，甚至连公开消息也很少关心，他完全采用在与本杰明·格雷厄姆共事时的一些统计方法，归纳起来就是简简单单的一句话："努力买便宜的股票。"因为按照他们的投资原则，现代投资组合理论、技术分析、总体经济学派及其他复杂的运算方法，这一切都是多余的。然而值得注意的是，在许洛斯长达47年的投资生涯中，他所选中的大多数都是冷门的股票，但是这些股票的业绩表现却大大超过了同期标准普尔500指数。

"价值投资"的误区

价值投资知易行难，并非只是找到优秀企业难，做到长期持有难，更难的是对于企业价值及价值变动方向、变动速度、幅度等相对确定性评估与价格关系、股市自身规律等基础上建立的投资决策体系。对于投资者而言，你如果能清晰地知道你为何买、为何卖、为何持有、为何换股，背后都有足够清晰的理由，每一次操作都知道你将赚的是什么钱，那么你已经入了价值投资的门。

1985年，巴菲特在致股东的信里写道："1985年在出售证券收益时金额达到4.88亿美元，这其中的大部分都源于我们出售通用食品的股票，从1980年开始我们就开始持有这些股票，我们买进这些股票是以远低于合理的每股企业价值的价格购买的，经过年复一年后，该公司的管理层大大提升了该公司的价值，一直到去年的秋天，当该公司提出并购的要求后，其整体的价值在一夕之间显现出来了。"

巴菲特解释价值的增长也是需要一个过程的，出售股票就像大学生的毕业典礼一样，经过4年所学的只是在一朝被正式的认可，但是实际上当天你可能还没有一点儿长进。巴菲特经常将一只股票持有长达10年之久，在这期间其价值在稳定增长，但是其全部的账面利益却都反映在出售的那一年。所以按照价值投资进行选择的时候并不是一朝一夕能够分辨得出的。

1999年巴菲特拒绝投资市盈率过高的高科技股票，结果导致了他10年来最大的投资失误，其投资基金回报率远远低于股市指数的年平均增幅。什么时候该做趋势的朋友？什么时候该与大众为“敌”？这的确是个难题。我们经常看到媒体寻找价值被“严重低估”的股票，关于“低估”的标准，已经不再是“价格低于每股净资产”了。一个人必须对关于成长股价值的计算持怀疑的态度，而不可以完全相信。

投资者要避免步入价值投资的几大误区：

(1) 价值投资就是长期持有。长期持有，本身不是目的，长期持有是为了等待低估的价格回归价值，是为了等待企业价值成长，从而带动价格的上涨，这才是根本。但如果股票价格当前就已远高于企业价值，即使是对于价值仍能不断成长的企业，继续持有也失去了意义，因为即使未来数年内企业通过成长，价值能达到或超越现在的价格，也无非是通过时间让价值去追赶上价格，而价格继续上涨已无任何确定性。相反，大多数的情形是股价会以大幅下跌的形式来直接找价值，因为股票出现严重高估往往是市场疯狂的牛市末期，市场的长期有效性就会发生作用，通过市场的自身调节来实现价值的回归，同时调节又往往是矫枉过正的，使市场进入低估的另一个市场无效状态。

(2) 把买入优秀企业等同于价值投资，这是严重的本末倒置。企业价值成长是为了带动价格的成长，但如果价格已经透支了多年企业的成长，那么价值成长也很难为价格继续上涨创造正作用了；而优秀企业又仅仅是企业价值成长的一个保障而已，优秀企业也会有成长期和成熟期，不够优秀的企业也并非不能高速成长。

因此，买入优秀企业可能是价值投资，买入成长得不够优秀的企业也可能是价值投资，买入低估的不成长企业同样可能是价值投资。持有企业是价值投资，卖出企业也是价值投资。买入同一个企业也有的是价值投资，有的不是价值投资，即使同时同价买入，又同时同价卖出的也有的是价值投资，有的不是，关键是买卖的动机和理由是什么。价值投资的本质在于你每次操作的理由是否基于企业价值、价格、确定性及安全边际的关系，而非操作本身。

炒股切忌心浮气躁

平常心是战胜心浮气躁以及其他一切的法宝，没有平常心去体悟生活中的一切，即便再成功、再伟大，但最后可能因为自己的贪婪而失败了。平常心就是指对一切都放下，无论发生什么都想得开。因为市场中没有什么是不可能发生的，而一切的发生又都是无序的，无常的。因此急不可耐地想要在市场中实现某个目标，是非常危险而又不切实际的想法。

1998 年巴菲特在佛罗里达大学商学院演讲时说："我们是从来不去借钱的，即使有保险作为担保。即使在只有 1 美元的时候，我也不去借钱。借钱能够带来什么不同吗？我只需要凭借我自己的力量，也能够其乐无穷。1 万美元、100 万美元、1000 万美元对于我来说都是一样的。当然，当我遇到类似紧急医疗事件的情况下会有些差别。"

说这话的时候，也许巴菲特正在羡慕着台下的那群大学生的青春。巴菲特对钱的态度决定了他的投资风格和结果。巴菲特这种平和的想法，正是成就了他的成功，可以试想一下，如果雷曼兄弟的高管不是那么疯狂地赌博，他们原本也是可以在华尔街上风光无限，但是结果他们却成为了那么不体面的乞丐。

有人说，一个人做事情要想成功，一定要果断；有人说，一个人做事情要想成功，缺少耐心是不行的；又有人说，要想成大功立大业，没有机会是不行的。虽然这些话用在平时的生活中非常启发人，但如果把这些观点移用到股市里，却不一定正确。固然炒股赚钱与否是由很多因素造成的，但最重要的不是这些因素，而是一个人的心态。能不能在股市中赚到钱改善自己的生活，是每一位散户投资者最关心的问题。但往往抱有此想法的人因为心浮气躁，最后成为离梦想最遥远的人，相反，有着一颗平常心的投资者则“无心插柳柳成荫”。

心浮气躁的投资者总是迫不及待地进场交易，既追高，又杀跌，最终在牛市中只是捡了芝麻，丢了西瓜，甚至可能落得个低吸高抛的下场。

股市的涨跌都非常正常，因为有涨才会有跌，而因为有跌才会有涨，如果你是一个以平常心对待股市的人，那么，股市的涨跌对你而言就是非常无常的，而投资者就一定会轻松视之，并不会因股市的波动起伏而心惊胆战。但如果你是一个本来就喜欢或者本来就不平静的人，那股市的涨跌对你而言一定会非同小可。因为你会密切注意到你的资金是否也随着股市的涨跌而增减，由于你过分专注你的个人资产的变化，你的心态一定就是不稳定的，而你一旦如此，你对股市行情的涨跌就会特别在意，并认为股市只有上涨你的心才是平静的，但遗憾的是，股市至今还在涨，可是，你会认为股市涨得太多了，而原本就“不平常的心”就更加不平常了，甚至你的心出现了“恐慌”或“恐高”，结果在你把原本不应该抛的股票全部抛了，并自认为股市一定会大跌，股市不会以一去不回头的气势而不断再创新高。

大牛市里每天都有人预言股市要大跌，甚至有些人说，多少天多少天内股市必然狂跌，结果他们看到的是行情不断上涨，并且每天都在创新高，而自己由于过于担心股市下跌早早就抛掉手中的股票。造成这样的结果没有别的因素，更不是因为股市的上涨看跌，而是完全在于自己的心浮气躁。这样投资股票，你有多少钱都会输。所以，应该也只应该这样理解股市：股市与世间的一切都是一样的，也都是无常，因为无常就是会出现不断的变化，加之股市本身就是风险的、投机的市场，所以，更要以平常心来对待，只有真正以平常心对待股市，你才不会因为行情的变化而忐忑不安，也不会因为股市的涨跌而担心资金是否出现盈亏，更不会看到股市的不断上涨而感到害怕。因为，你已经把一切置之度外，平淡视之。炒股最忌心浮气躁，赚钱兴高采烈而亏钱痛苦不堪，因为这些都反映出你是一个不懂控制自己的人，而这样的人又怎么能炒好股票呢？

没有完美的制度

投资者们在投资的过程中，通常都会把“制度”看得重于一切。尤其是从现代企业制度理论诞生以来更是如此。但是需要提醒投资者的是，好的管理制度纵然很重要，但是再好的制度都有漏洞，完美的制度是不存在的。

2002年巴菲特在致股东的信里说：“在1993年的年报中，我曾经说过董事的另外一项职责，‘如果能干的经营阶层过于贪心，他们总是会不时地想要从股东的口袋里捞钱，这就需要董事会适时地出手进行制止并给予相应的警告。’然而可惜的是，自从那以后，尽管经理人掏空口袋的行为司空见惯，但却没有看到谁出面进行制止。”

“为什么一向英明并且睿智的董事们会如此惨败呢？其实实质的问题并不在于法律的层面，本来董事会就应该以捍卫股东利益为自己的最高职责，我认为真正的症结在于所谓的‘董事会习性’。以一个例子来进行说明，通常情况下，在充满和谐气氛的董事会议上，讨论是否应该撤换CEO这类严肃的话题几乎是不可能的事。同样的道理，董事也不可能笨到会去质疑已经由 CEO 大力背书的购并案，尤其是当列席的内部幕僚与外部顾问皆一致地支持他英明的决策时，他们若不支持的话，可能早就被赶出去了，最后当薪资报酬委员会（通常布满了支领高薪的顾问）报告将给予 CEO 大量的认股权时，任何提出保留意见的董事，通常会被视为像是在宴会上打嗝一样失礼。”

对于普通的职业经理人来说不一定会做出利于股东的事，他们往往更多地考虑自己的职位。

巴菲特是在分析“安然事件”以及跟它一起灭亡的安达信会计师事务所的问题时指出以上问题的。在十几年前，安达信会计师事务所出具的意见可以说是业界的金字招牌，在事务所内部，由一群精英组成的专业准则小组（PSG），不管面对来自客户多少的压力，仍坚持财务报表必须诚实编制。为了坚持这项原则，专业准则小组在 1992 年坚持期权本来就应该列为费用的立场。然而不久之后，专业准则小组在另一群安达信的合伙人的推动下，对此立场做了 180 度的转变。他们相当清楚，如果这些高额期权成本如实反映在公司账上的话，就很可能被取消，而这些企业的 CEO 就会拂袖而去。

第三节　误入股市陷阱

不光彩的“会计费用”

投资者们应当非常仔细地审视会计费用，因为大多数的实业公司每年都至少发生一次费用问题，如果想要精确地对盈亏底线做出精确的判断几乎是一件不可能的事，因此不要去相信表面的价值，我们无须对会计费用做出让步，市场战略师们坚定地维护今天的股票价格。他们在这样的数据背景下，推算出公司盈利可以继续强劲增长。但是，如果盈利从一开始就是虚假的，那么它们最终必然会探及盈亏底线之下，并导致股价下挫。所以投资者们在对投资对象进行分析时，千万不能被这个不光彩的“会计费用”蒙蔽了双眼。

1998年巴菲特在年度报告里说：“高级管理者们数量日益增多……这样得出的结论，他们操纵盈利用以迎合他们所认定的华尔街的某些愿望。实际上，很多首席执行官们认为，这种操纵是无可厚非的，但实际上是他们的某种责任。即他们的责任就是把股价推向可能达到的最高点。为了推动股价，他们实施了令人尊重的精彩的运作。但是，一旦运作达不到预期的效果，这些首席执行官们就会求助于某些不大令人尊重的会计手段。要么创造出所希望的‘盈利’，要么就是在为将来的盈利搭建舞台。”

巴菲特一直以来对会计费用有高度的怀疑，因为这些会计科目下的项目能够把许多问题都解决掉，并且能够掩盖许多年管理不善的迹象。巴菲特把日益增加的会计费用和资产的注销行为称为“不光彩”，并对他们利用这种不光彩的手段抬高股价的行为很不满意。

举一个例子来说，如果波音为以后的几个季度内降低成本的计划支付了10亿美元的季度费用。在随后的几个季度内，波音就已经拥有了一个消耗完了的“储备”，因为这10亿美元的成本确实发生了。这种机制使得波音的某些日常成本在损益表中不再体现，从而来提高它的单位利润。

一个发生了招致“重大损失”的会计费用的公司会产生一个相同的效果。在上面的例子中，波音可以采取把所有的成本打入当年的方法，并且在随后的年份中把税后利润提高10亿美元。华尔街就会赞扬波音降低了成本，从而忽略掉其中遭到破坏的账面价值，并且对波音在将来的表现奖励一个高于其真实价值的股价。当然，此后的盈利记录没有一个是真实的——对于波音来说，一个“重大损失”的季度不会像看起来那样悲惨，并且在随后的各个时期通过耍一些会计花样会变得异常“滋润”。毫无疑问，坏杆会从记分牌上划掉。

在 1999 年，如摩托罗拉、波音、耐克以及几家大银行，通过在以前季度中支付的数十亿美元的费用，大大提高了当年的盈利。标准普尔 500 指数的公司们支付了相当于 1998 年报告盈利 20％～25％的“不再发生的”的费用。这是自 1991～1992 年度以来，会计操纵所达到的最高水平。当时许多大公司为了降低未来发生的养老金成本而被迫支付了巨额费用。因此，对于这些公司在其盈亏底线上报告的每股盈利中的每一美元，其中有超过 25 美分或许是被“编造”出来的。与此相对应，P/E 比率在 90 年代的大部分时间里低于 10％。摩托罗拉在 1998 年支付了将近 20 亿美元的费用，抹去了其在数十年间为股东们创造的账面价值的 13％。华尔街奖励了它的行为。在此后的 15 个月中推动其股票上涨了 200％。然而糟糕的是，首席执行官们在现实中利用这些虚假的数字来得分的手段乐此不疲，因为这相对于花上几个小时练习开球来说，修改记分牌显得要容易些——并且决不会毅然放弃。

识破信用交易的伪装

信用交易从长远来看，是一个陷阱，一旦陷入便难以自拔。作为投资者，买卖股票一定要量力而行。某些股票之所以红得发紫，往往并非出于股票自身的价值力量，而是因为投机者的力量才被抬到吓人的高度，从事信用交易的人交上好运时，可以在一夜之间发大财，交上坏运时，就会陷入绝境。如果有经纪人劝你从事信用交易时，请千万不要轻举妄动，要三思而后行。

2000年巴菲特在致股东信里写道："我们发现卖方是否在意公司将来的归属是一个十分重要的问题，我们喜欢与我们钟爱的公司，而不是斤斤计较出售公司能够得到多少钱的人交往，当我们意识到这个问题时，这通常就意味着该公司拥有诚实的账户、自信的产品及忠实的员工。"

巴菲特所选的公司都是上面所指具有良好信用价值的公司，因为这样的公司能够很好地达到信用交易的目的。因为信用交易的目的是利用财务杠杆提高选股能力，财务杠杆在牛市时是非常好的投资工具，假设投资者以每股50元的价格购入100股，正常情况下，除佣金以外，要支付的金额是5000元。如果使用保证金交易，投资者可以借入高达交易金额一半的额度，只需支付2500元，剩下的2500元从经纪人那里借入。如果投资者在股价升至75元时卖出的话，就会得到7500元，当然除了利息之外，还要还款2500元。投资者的初始投资只有2500元，却能赚取5000元的收益。

这听起来相当诱人，然而你想过将这个过程倒过来是什么样的吗？如果股价下跌，投资者的经纪人可能会要求以抛售股票来偿付借款，更糟糕的情况是，经纪人可能不经投资者的允许就售出股票，目的是为抢在市场行情进一步下跌之前让投资者偿付借款。2000年和2001年股市下跌的时候，就有许多投资者抛售股票的钱不足以偿付从经纪商那里借入的款项。我们可以一起来看一下这个倒过来的过程：假定投资者以每股50元的价格买入100股，自己支付2500元，从经纪人那里借得2500元，如果股价跌至25元，100股就只值2500元了，投资者不但损失了自己的2500元初始投资，还要向经纪人偿付贷款的利息。

除了这个风险外，信用交易还有另一个弊端。按规定，经纪人在投资者的净资产（股票总值减去借贷后的余额）占股票总值的比例下降至25%时，会收取额外的钱，25%被称作"维持保证金的最低要求”。而现在，大部分经纪人在风险较大的投资中使用他们自己规定的、更为严格的高达30%～50%的“维持保证金的最低要求”。再来看一下，假定借入2500元购买100股单价50元的股票，经纪公司要求的维持保证金为30%，如果股价下跌至40元，净资产从原来的2500元（初始投资）下降至1500元（100×40－2500），1500元的净资产仍然符合经纪人30%的维持保证金的最低要求（30%×4000＝1200）。

但是，如果股价跌至25元，这时净资产为0（100×25－2500＝0），经纪人就会发出追缴保证金通知，要求你在2～3天内支付现金或者存入账户其他的股票，如果做不到，经纪商会卖出你的股票，这将会使投资者的损失更加惨重，因为投资者想继续持有等待股价反弹。

例如日本大阪有一家公司叫中山制钢所。该公司的股票总是成为信用交易的交易对象。中山制钢所股票的持有人，通过借贷股票来赚取日息（即100日元一天的利益），巧妙地利用游离的股票达到盈利的目的。东京证券交易所的一位投资者，以信用交易的方式卖出5000股中山制钢所的股票，这个数不是很大。可是在不到半年的时间里，股价升至每股3000日元。即使他当初能以每股1000日元出手，现在每股也出现了2000日元的差额，他要将原先卖出的5000股股票全部买回就得多支付1000万日元。这件事发生在20多年前，按照当时的币值，1000万日元足以在东京将一栋住宅连同上好的土地一起买下。

不要为“多头陷阱”所蒙蔽

1990年巴菲特在给股东的信里写道：“依照某种程度而言，这些经理人应该已经收到了一些消息，当你发现自己已经深陷其中的时候，最重要的一件事是不要再继续挖洞了，不过在这个临界点显然还没有到来，许多人虽然不甘愿，但是仍然还在用力地挖洞。”

巴菲特对于那种知道了自己已经深陷陷阱而不懂得自救，仍然还在继续挖洞的做法是相当不赞同的。因为那无异于自寻死路。所谓“多头陷阱”是市场主力通过拉高股指、股价，佯装“多头行情”，引诱散户跟进，自己则乘机出货。多头陷阱是市场主力常用的一种套牢股的方法。通常发生在指数或股价屡创新高，并迅速突破原来的指数区且达到新高点，随后迅速跌破以前的支撑位，结果使在高位买进的投资者严重被套。

“多头陷阱”通常发生在一种股票新高价成交区内，股价突破原有区域到达新的高峰，然后又迅速地跌破以前交易区域的低点（支撑水准），具体地说，就是大盘指数（或者某种股票价格）创新高后，在其密集成交区内，突破原有区域再创新高，随后突然迅速跌破密集成交区的低点（支撑线）。那些在股指（或者股价）最后上涨时买进的人或在股指（或者股价）突破买进的人，都落入了这个陷阱。陷阱区域里成交量愈多，套牢者愈多。

例如1994年，主力庄家将上证指数从333点一路拉升，并一举突破1000点的心理大关。按一般的经典技术分析，当股价突破原来的阻力线而创新高后，其上升势头仍将延续。许多股民根据突破重要关口理论，认为沪指至少会上涨到1200点，于是纷纷杀入股市大量买进。谁知庄家借此反手派发，股指应声回落，制造了威震一时的千点多头大陷阱，使不少股民在高位被套牢。

股民容易掉进多头陷阱，主要是因为庄家非常狡猾，为引诱散户上钩，“多头陷阱”一开始与“多头行情”差不多，都是股指、股价跳空开盘，高开高走，甚至击穿股指、股价之上档阻力位而创新高，成交量也随之放大，从技术图形上看可谓“形势大好”。此时，你怎么办？做多还是做空？很难做出正确选择。因为你难以预测下一步的走势。倘若是“多头行情”，随着成交量的不断放大，股指、股价持续上扬，做多者可获利；倘若是“多头陷阱”，随着成交量的不断放大，股指、股价掉头向下，做多者则会被高价套牢。

多头陷阱甚至也曾蒙骗并获猎过有绝佳经验的图形分析专家，因为在初期，股指（或者股价）到达一个新的高点时，看起来好像是继续着强势的信号。在一般的情况下，它也确实是照着比较规则的趋势演变的，尤其是股指（或者股价）突破至新的高点以后，更表现出该趋势会维持下去。然而，恰恰被那些技术高手忽视的是，此时一个突然的反转或陷阱随时可能出现。如果我们贸然行事，便正中庄家的下怀，跌入多头陷阱之中。投资者可以通过许多方法，比如看成交量及是否突破支撑线，而多头陷阱一般来说恰好是成交量不大而且向下回档又跌破了支撑线。

许多股民亏损，就亏在“多头陷阱”里。他们把“多头陷阱”当作“多头市场”，以为股指会继续上扬，股价会继续上涨，于是纷纷抢进去，结果落入陷阱之中。因此，对于行情的突然上涨，一定要认真分析，看到底是多头陷阱还是多头市场。如果情况不明，则宁愿踏空，也不要贸然行动。

沃伦·巴菲特在接受美国广播公司的采访中，给了普通人三条最佳投资建议：

1. 机会好得令人难以置信时，可能是陷阱

伯纳·麦道夫案件受害者们，如果遵循了这一忠告，结果可能就完全不同。巴菲特想说的是，对投资机会要保持理性的怀疑，尤其在进入非常不确定的经济时期。1983～2007 年的 25 年间，是美国历史上最伟大的经济繁荣期之一，而 1988 年至 2000 年有可能是美国股市从未见过的最大的牛市，我们不太可能看到更多这样的机会。保持怀疑精神，获取更多方面的意见，并记住一点：错过收益总要比亏钱好得多。

2. 当某人试图向你进行销售时，想想对方会赚多少钱

投资顾问、理财策划师们其实更像是共同基金的销售代表，依靠出售共同基金、债券基金和货币市场基金来赚钱。正因为如此，他们的投资“建议”实在不是为你提出的建议，而是偏向股市的利益，因为这是他们可以赚钱的途径。这些人接受更多的是销售培训，而不是专业的投资和金融培训，所以永远要记住：当理财规划师对你进行投资“咨询”时，他实际上是在赚你的钱。

3. 远离杠杆融资，没有人会因为不借钱而破产

“如果你足够聪明，就不需要它；如果你不聪明，那杠杆就更没有任何商业用途。”不幸的是，就像巴菲特所言，许多人使用了杠杆，实际上却没有什么商业用途。

面对收益寸土不让

短线活动等于经常把时间浪费在我们不认识、且人格水准不高的人身上，这几乎等同于一个有钱人竟然会为了金钱而结婚，这样的行为未必显得有点儿疯狂。

1989 年巴菲特在致股东的信里说：“假设伯克希尔公司只有 1 美元的投资，但是这样的话每年仍然会有一倍的回报；但是如果我们将卖掉它的资金，用同样的方式重复投资 19 年，到第 20 年的时候，如果按照 34％的税率还是能够贡献给国库 13000 美元，我们自己都能拿到 25250 美元，这看起来也是不错的成绩。然而再简单一点儿的话，只做一项不变的投资的话，同样能够每年赚到一倍，最后的金额仍然能够高达 1048576 美元，如果扣除掉 34％即 356500 美元的所得税，实际上也能够得到 690000 美元。

“之所以会产生如此大的差距，理由就是在所得税的支付点上。但是需要强调的是，并不是因为这种简单的算术而倾向于采用长期投资的，经常性的变动很可能是我们的税后报酬更高一些，但是在几年之后，查理和我却一直这么做着。”

在巴菲特看来，做那种疯狂的短线投资活动，几乎就是等于投机的代名词，即使赚取了不菲的利润也不屑于谈。

入股市炒股，如下海捉鱼，水深，但是绝对能捉到大的。人人都想捉到大的，获得最大收益理所当然无可厚非，但是在实战中，经常可以看到许多股民由于过分贪心，将到手的利润又放跑了，甚至有时还要赔本割肉。

捉到鱼就不放手，面对利润寸土不让，尤其是在短线操作中。他们不想控制，也不能够控制自己的贪欲。每当股票上涨时，不肯果断抛出手中股票，锁定收益，心中总在怂恿自己，一定要坚持到最后一刻，坚持就是胜利，不放弃一切可以盈利的机会。而每当股票下跌的时候，总是盼望股票跌了再跌。这类股民虽然有别于盲目跟风之人，但是有一个共同之处，就是无法把握自己。这种无止境的欲望，反而使得本来已经到手的获利事实一下子落空。他们只想在高风险中有高收益，而很少想到高收益中有高风险。

每一个短线炒手关注的焦点都是利润，然而赚钱才是交易和投资背后的推动力量。尽管获利是而且应该是主要目的，一旦进行交易之后，就必须忘掉利润。如果一个短线炒手一刻不停地关注自己手中的股票是涨还是跌，这很有可能使你以前所辛苦获得的利润被完全毁灭掉。因为它会加深你的恐惧，而且提高了每一刻的不确定性，使人无法将注意力集中到正确的技术上来。而正确的技术最终决定我们能获利多少。你可以回想一下在自己的短线操作生涯中，你多少次因为害怕损失一点儿小利而使你在一只股票快要上涨前将它抛掉了？多少次在损失的麻痹中使得你在应该卖时而没有卖掉？

事实就是，你太专注于你现在的得失了，而没有去考虑在面对“涨”与“跌”时，你应该做的事。这种计较当前利益的人往往会做出不明智、缺乏根据的下意识的和快速的反应。你的行动应该受到一个周密思考的交易计划的指导，而不是由你账户每一分钟的变化所决定。好的技术来自好的判断，好的判断自然产生利润。

超越“概念”崇拜

作为投资者，我们需要注意的是，即使有实质性内容的题材，如果乱炒滥炒，透支或者远远超过了其发展潜力，炒作者同样会一无所获，甚至反受其“套”。而更值得股民警惕的是，大多数所谓的题材或者概念，都缺乏实质性的内容，相当多一部分是舆论为即将被炒作或正在炒作的股票制造的借口。它们要么是空穴来风，要么是刻意散布的谣言，如果股民们信以为真，则等于伸长脖子往圈套里钻。

1987 年巴菲特在致股东的信里说：“糖果店是个很好玩的地方，但是对于大多数老板来说也并不是那么有趣儿的事情。据我所知，这几年除了时思赚了大钱外，其他糖果店的经营都是相当的惨淡。”

在当时看来，人们对糖果店存在着一个概念崇拜，但是巴菲特也明确地指出并不是所有的糖果店都在赚钱，所以投资者一定要超越这种概念上的崇拜。通过题材炒作来设置陷阱是庄家惯用的又一大伎俩。在许多股民的心目中，有题材股票就涨，而涨了的股票则必定有题材。即使庄家坐庄，也必定要借用一个什么题材来激活人气，拉抬股价。在中国股市里题材炒股更是一道特别的风景，庄家炒，股民炒，券商炒，基金炒，上市公司也在悄悄地配合庄家炒。

许多投资者认为没有题材炒作就没有上涨的动力，没有高涨的人气，也就没有暴富的机会。于是，庄家便根据股民们的“需要”不断“制造”所谓的题材，股评家们则也是不遗余力地挖掘题材，以致中国股市里的题材堪称“琳琅满目”“异彩纷呈”。有的题材是从现成的“题材库”里拿的，这类题材是长盛不衰、百炒不厌的，诸如业绩题材、重组题材、科技题材等；有的题材则是庄家或者股评家们自己创造的，他们凭自己的喜好与需要，结合具体的实际进行大胆的想象，诸如“回归”题材、领袖家乡题材、回购题材、扭亏为盈题材、国有股减持题材、增发新股题材、股改题材、奥运题材等。

庄家炒作股票，最常用的炒作题材是“处理资产”（包括“转投资”）。但这种处理资产的方法，往往数十年后却始终“原封不动”，只有形式上的、口头上的处理，而实际并未处理。当庄家炒作时，便是“利多”，上市公司十有八九闷声不响，等到庄家炒得差不多、钞票已“落袋为安”的时候，再由公司当局发表“严正声明”：绝无处理资产或迁厂计划，比如某家公司在某处有一块儿地皮，处理了十几年，而地皮的所有权还是原封不动。奇怪的是，这种炒作题材，永远灵光，屡试不爽。比如说，某家电机厂在某地的厂房一直在使用中，却年年传出该处土地所值如何如何，如果迁厂又如何如何，只要投资者稍一思考，便可识破庄家玩儿的花招儿。试想一下，一处正在使用中的厂房，如果需要迁建，谈何容易！总得先找好土地吧？土地到哪里去找，到穷乡僻壤的地方去找，不必考虑原材料供应、产品运销、迁厂费用以及重建与停工损失？所以，只要稍加思考，那些炒作题材往往会不攻自破。

1995 年中期，市场上流行新股概念，凡是上市的新股不论青红皂白都要炒作一番，结果在这一段挂牌的新股，其市盈率普遍偏高，同类股票新股比老股要高1～2 倍，而时过境迁之后，这些新股便无人问津，一些盲目跟风的股民便在高位惨遭套牢。2000 年时兴科技题材和网络题材，不管什么股票，只要挂个科技的招牌或者贴个网络的标签，便受到市场的一顿狂炒，但好景不长，推上天的股价现在大都跌回原位，有的甚至跌进深渊。

亿安科技最高炒到126元，后来跌得一个零头都没有了。不可否认，有些股票确实具有实质性的内容，能提升上市公司的盈利能力，增强其成长性，从而能给投资的股民较好的回报。比如有些股票入世后明显受益，其入世题材便货真价实；有些股票进入高科技领域，其科技题材也名不虚传；有些股票经过重组后确实脱胎换骨，其重组题材当然引人注目。在炒作不过分的前提下，介入这类有题材的股票，股民们自然会获得较好的收益。如实行股改后的上市公司，其资本结构与经营状况都有明显改善，其股价也相应上涨。据统计，在已完成股改的企业中，90％以上的股价较股改前有明显上涨。随着2008年奥运会的日益临近，因为奥运会确实能给相关企业带来庞大商机，具有奥运概念的股票也在2007年的牛市里表现突出。

由此看来，作为投资者应当具有独立的分析能力和判断力，对于有实质性内容的题材，我们可以适度适量地介入，而对于那些牵强附会的题材、那些无中生有的题材、那些庄家用作借口的题材，则坚决不要介入，做到了这一点，便很容易跳过题材炒作设置的陷阱。

第八章 巴菲特的投资实录

第一节 可口可乐公司

投资13亿美元，盈利70亿美元

可口可乐公司是巴菲特最成功的投资，比他自己想象的还要成功。他于1988～1989年间分批买入可口可乐公司股票2335万股，投资10.23亿美元。1994年继续增持，总投资达到12.99亿美元。2003年年底，巴菲特持有可口可乐公司的股票市值为101.50亿美元，15年间增长了681%。

巴菲特在伯克希尔公司1991年的年报中高兴地说："三年前当我们大笔买入可口可乐股票的时候，伯克希尔公司的净值大约是34亿美元，但是，现在光是我们持有可口可乐公司的股票市值就超过了这个数字。"

可口可乐公司之所以能给巴菲特带来如此大的利润，是由以下几方面的因素决定的。

1. **业务简单易懂**

可口可乐公司业务非常简单易懂。公司买入原料，制成浓缩液，再销售给装瓶商。由装瓶商把浓缩液与其他成分调配在一起，再将最终制成的可口可乐饮料卖给零售商，包括超市、便利店、自动售货机、酒吧等。

可口可乐公司的名声不仅来自于它的著名产品，还来自于它无与匹敌的全球销售系统。目前70%的销售额和80%的利润来自于国际市场，而且国际市场的增长潜力仍然很大。美国人均可乐年消费量为395瓶，而全球范围内人均可乐消费只有64瓶。这一巨大的差距代表着可口可乐公司在全球饮料市场继续增长的巨大潜力。

2. **著名的品牌优势**

在全球最著名的5种碳酸饮料中，公司独揽4种品牌：可口可乐、雪碧、芬达、Tab。其中，可口可乐已经成为全球最被广泛认同、最受尊重的著名品牌。

巴菲特称可口可乐为世界上最有价值的品牌。据评估，可口可乐品牌价值400多亿美元。

可口可乐公司在1995年年度报告中宣称："如果我们的公司被彻底摧毁，我们马上就可以凭借我们品牌的力量贷款重建整个公司。"

3. **持续竞争优势**

可口可乐占了全球软饮料行业一半以上的市场份额。如今可口可乐公司每天向全世界60亿人口出售10亿多罐的可口可乐。

可口可乐软饮料是世界上规模最大的产业之一。软饮料产业发展的巨大前景为可口可乐的高速增长提供了坚实的基础。产业的特点是：大规模生产、高边际利润、高现金流、低资本要求以及高回报率。

4. **出众的利润创造能力**

1980年，可口可乐公司的税前利润率不足12%，而且这一比率已连续下降了5年，远低于公司1973年18%的水平。格伊祖塔上任的第一年，税前利润率就上升到13.7%。1988年，巴菲特买进可口可乐公司股票时，公司的税前利润率已上升到创纪录的19%。

5. **超级内在价值**

1988年巴菲特首次买入可口可乐股票时，公司股票的市盈率为15倍，股价与每股现金流比率为12倍，分别比市场平均水平高出30%和50%。巴菲特以5倍于股票账面价值的价格买入。

6. 优秀的企业管理者

可口可乐公司的管理者罗伯特·戈耶兹亚塔是个非常难得的天才，将市场销售与公司财务两方面的高超技巧整合在一起，不但使公司产品销售增长最大化，而且也使这种增长带给股东的回报最大化。一般来说，一家消费品公司的CEO，由于个人的倾向或经验所致，往往会在经营管理中过于强调市场或财务中的一方面，忽略了另外一方面。但是，罗伯特·戈耶兹亚塔却能够将两者调和到极致的境界。

在罗伯特·戈耶兹亚塔领导下，可口可乐公司的净收益从1979年的3.91亿美元增长到7.86亿美元，比奥斯汀时期增长了1倍。股权投资收益率从1979年的214%提高到271%。

独一无二的饮料配方

1886年，美国佐治亚州亚特兰大市，一家药店的药剂师约翰·史蒂斯·潘伯顿用古柯叶、可乐果、蔗糖等原料，在自家后院的铜罐里配制出一种咖啡色药水。这种药水味道可口，类似糖浆，喝后有健脑提神的作用。药店的记账员弗兰克·鲁滨孙把这种饮料中的两种成分古柯叶和可乐果组合成了“可口可乐”这个名字。后来在药店使用的商业名片上用手写体设计出流畅优雅的商标，凡是拿到名片的人都可以免费得到一杯可乐，人们开始了解可口可乐。潘伯顿当时绝对没有想到，自己的发明后来居然成为全世界风靡的软饮料。

1891年潘伯顿去世，一位名叫阿萨·坎德勒的药品批发商，以2300美元的低价，买下了可口可乐的配方专利权和所有权，并于次年成立了可口可乐公司。精通营销之道的坎德勒深知广告宣传对产品的促销作用，为此他尝试在各种媒体上做广告。

除了报纸杂志、户外广告以外，还通过一些辅助材料如菜单、书签、日历、扑克牌等宣传可口可乐。到1895年，可口可乐已经全国皆知，在美国几乎每一个州都有出售。后来，坎德勒创建了可口可乐的独立装瓶体制，即与装瓶公司签订协议，特许该公司购买可口可乐原液，并生产、装瓶和销售可口可乐饮料。

自从1886年创制出可口可乐配方以来，可口可乐公司在过去120多年里一直对这支营销全球的汽水秘方保密。直到最近几年面临食品安全问题时，可口可乐公司才改变策略，稍微揭开一点儿神秘面纱，强调饮料配方中没有添加防腐剂，也没有人造味道。原来，可口可乐的配方124年来都没有改变过。法国一家报纸曾打趣道，世界上有三个秘密是为世人所不知的，那就是巴西球星罗纳尔多的体重、英国女王的财富和可口可乐的秘方。

在与合作伙伴的贸易中，可口可乐公司只向合作伙伴提供半成品，获得其生产许可的厂家只能得到将浓缩的原浆配成可口可乐成品的技术和方法，并不能得到原浆的配方。

可口可乐公司的历任领导人都把保护秘方作为首要任务。大约在1923年，可口可乐公司向公众播放了将配方的手书藏在银行保险库中的过程，并表明，如果谁要查询这一秘方必须先提出申请，经由信托公司董事会批准，才能在有相关人员在场的前提下，在指定的时间内打开。而如果你要证实可口可乐公司的其他保密资料，则就变得简单很多。

可口可乐的主要配料是公开的，包括糖、碳酸水、焦糖、磷酸、咖啡因、古柯叶等，但核心技术“7X”却从未公开，虽然它只占所有配方的1%。“可口可乐”的竞争对手数次高薪聘请高级化验师对“7X”配方进行破译，但总以失败告终。虽然科研人员通过化验得知可口可乐的最基本配料是水，再加上少量的蔗糖、二氧化碳等，但其他公司按此配制出来的饮料口味却大相径庭。

“7X”商品的配方由三种关键成分组成，这三种成分分别由公司的3个高级职员掌握，三人的身份被绝对保密。而且，他们只知道自己的配方是什么，三人不允许乘坐同一交通工具外出，以防止发生事故导致秘方失传。而且据传现在全世界只有两个人知道可口可乐糖浆的完整配方，可口可乐公司规定这两个人不能同时外出旅行，如果其中一人死了，另一人就要去找一个“徒弟”，把配方的秘密传授给他。

由此人们才知道，可口可乐中的极少量“神秘物质”，才使得可口可乐维系了一个多世纪的荣光，而作为每年销售几百亿箱的全球碳酸饮料龙头，可口可乐的配方早已成为美国大众消费文化的代表。

1916年坎德勒用设计独特、曲线优美的筒裙状瓶子替换了可口可乐原有的直筒瓶子，这种独特的瓶形设计后来也成为可口可乐品牌的独特标志之一。

具有120年的成长历程

可口可乐是世界上最大的软饮料生产和经销商。公司的软饮料早在1886年就已经问世，迄今畅销120年，遍布全球190多个国家和地区。

可口可乐公司的名声不仅来自于它的著名产品，还来自于它无可匹敌的全球销售系统。可口可乐公司在美国以外的国际市场上的销售额和利润分别占其销售总额的67%和利润总额的81%。可口可乐公司拥有可口可乐企业（美国最大的装瓶商）44%的股份以及可口可乐阿玛提公司52%的股份——该公司是澳大利亚的一家装瓶商，业务遍及澳大利亚、新西兰和东欧。可口可乐公司还持有墨西哥、南美、东南亚、中国大陆、中国香港特别行政区和中国台湾地区等地装瓶公司的股份。1992年，可口可乐公司销售了100多亿箱的饮料。

巴菲特对可口可乐公司非常熟悉，他与可口可乐公司的关系可以追溯到他的童年时代。巴菲特在20世纪80年代买入可口可乐公司之前，已经关注了它52年，才等到可口可乐公司价格下跌形成足够的安全边际，他终于抓住了这绝好的投资机遇。巴菲特1989年大笔买入可口可乐股票后，在当年的年报中兴致勃勃地回顾了自己52年来持续长期关注可口可乐公司的过程：

“我记得大概是在1935年或1936年第一次喝了可口可乐。不过可以确定的是，我从1936年开始以25美分6瓶的价格从巴菲特父子杂货店成批购买可口可乐，然后再以每瓶5美分零卖给周围的邻居们。在我跑来跑去进行这种高利润零售业务的过程中，很自然地就观察到可口可乐对消费者非同寻常的吸引力及其中蕴藏的巨大商机。在随后的52年里，当可口可乐席卷全世界的同时，我也继续观察到可口可乐的这些非凡之处……直到1988年夏天，我的大脑才和我的眼睛建立了联系。一时之间，我对可口可乐的感觉变得既清楚又非常着迷。”

在1989年大规模投资之前，巴菲特认真研究了可口可乐公司100多年的经营历史。

1886年5月8日，约翰·潘伯顿用一只三脚铜壶第一次调制出可口可乐糖浆。潘伯顿第一年就卖出了25加仑，第一年的总销售额为50美元，总成本是73.96美元。1887年，他将发明的“可口可乐糖浆浓缩液”申请了专利。

潘伯顿听从了他的记账员弗兰克·罗宾孙的建议，用“可口可乐”来为他发明的产品命名。在广告中，可口可乐名字用流畅的斯宾塞字体书写，其中两个“C”看起来十分美观。经过100多年，可口可乐的这一标识如今为全世界所熟知，可口可乐饮料已经成为美国人乃至全世界人们生活中不可缺少的一部分。

1891年，亚特兰大商人阿萨·坎德勒用2300美元买下可口可乐公司的经营权。巴菲特在1997年伯克希尔公司股东年会上说：“坎德勒基本上只用了2000美元就买下了可口可乐公司，这可能是历史上最精明的一桩买卖。”坎德勒在给可口可乐配制糖浆时，在饮用水里加入了一些自然原料，这就是众所周知的可口可乐“商品 7X”配方——这是世界上最令人嫉妒的商业秘密，也是被最严密保护的饮料配方。

1892 年可口可乐公司在亚特兰大召开了第一届股东年会，有 4 位股东出席。当时的年销售额为 49676.30 美元，资产负债表上的资产额为 74898.12 美元。经过几年的努力，坎德勒杰出的经商才能使得可口可乐在全美各州的销售量迅速增长。

1894 年密西西比州维克斯伯格的一家糖果商人约瑟夫·比登哈恩从亚特兰大用船来运输糖浆，成为第一个生产瓶装可口可乐的商人。

1899 年，经过 5 年多的发展，大规模瓶装生产日益成熟。田纳西州沙塔诺加的约瑟夫·怀特海德和本杰明·托马斯获得了在美国大部分地区销售瓶装可口可乐的特许经营权。这个合同开启了可口可乐公司独立开创瓶装生产系统的先河，这一系统一直是公司软饮料运作系统的基础。可口可乐将用于软饮料生产的糖浆和浓缩液运送到世界各地的瓶装可乐销售商手中，然后进行灌装后，在销售商所在的地区配送和销售。

1919 年，以欧尼斯特·伍德洛夫为首的投资者们用 2500 万美元买下了这家公司。到 1923 年，他的儿子罗伯特·伍德洛夫成为这家公司的总裁。罗伯特·伍德洛夫决心让全球各地都有可口可乐，带领公司开展了一系列的展览宣传和促销活动。他 60 多年的卓越领导使可口可乐公司逐步发展成为全球最强大的软饮料企业。

可口可乐公司通过向外扩张，在加拿大、古巴设立分支机构，于 19 世纪 90 年代就迈出了国际化的步伐。在 20 世纪 20 年代，可口可乐公司开始向欧洲进军，1928 年它首次进入中国。1928 年可口可乐公司成为奥林匹克运动会赞助商。当时在一架运送参加奥林匹克运动会的美国代表队到阿姆斯特丹的美国运输机上同时装着1000箱可口可乐饮料。

在1941年，由于美国介入第二次世界大战，伍德洛夫命令："无论是谁，无论花公司多少钱，每个士兵只要花5美分就可以买一瓶可口可乐。"第二次世界大战期间，公司说服美国政府在海外建立了95个罐装厂，名义上是为了提高士气而实际是专门为了扩大市场。马克·彭德格拉丝特在1993年8月15日的《纽约时报》上发表了一篇题为"为了上帝、国家和可口可乐"的文章：一个成功的企业需要一群忠实的消费者。一位士兵在给家里的信中写道："在两栖登陆中最重要的问题是在第一次或第二次潮汛来临时，岸上是否会有可口可乐售卖机。"第二次世界大战结束后，尽管美国军队撤离了，但可口可乐却继续受到当地人的喜爱，成为第一批畅销海外的美国产品之一。在此基础上，可口可乐公司迅速在全球建立了规模庞大的生产销售系统，形成了公司在软饮料业内的巨无霸地位。

可口可乐公司向全球近200个国家约1000家加盟者提供其糖浆和浓缩液。尽管在这200个国家里同时销售其他230多种品牌的饮料，但在大多数国家中，几乎没有什么饮料品牌能够与可口可乐相竞争。世界上一半的碳酸饮料都是由可口可乐公司销售的，这一销量是它的劲敌百事可乐公司的三倍。全世界成千上万的人一天就要喝掉10亿罐的可口可乐，这相当于全球饮料市场日消费量的2%。

在1997年可口可乐公司的年度报告中，可口可乐公司前主席道格拉斯·伊维斯特写道："可口可乐公司的创业者们不会想到会有今天的成绩，当你读到这份报告的时候，可口可乐公司已经取得了一个里程碑式的发展：公司的可口可乐产品以及其他产品每天的销售已逾10亿罐。第一个价值10亿美元的可口可乐饮料，我们花了22年的时间才卖出，如今，我们1天就能卖出10亿罐饮料。"

一个多世纪以来，世界范围内可口可乐员工们将1盎司的可口可乐糖浆兑入 6.5 盎司的碳化水，没有哪种产品有这样普及。

巴菲特告诉《福布斯》杂志说，他购买可口可乐的一个主要原因就是，在这个大众口味日趋相同的世界里，可口可乐的股票价格并没有反映出可口可乐国际市场销售额中的增长。

巴菲特买入可口可乐股票后感叹道：“当时我看到的是：很明白……世界上最流行的产品为自己建立了一座新的丰碑，它在海外的销量爆炸式地迅速膨胀。”

载入吉尼斯纪录的超级销量

1988 年巴菲特开始买入可口可乐公司股票，在此之前可口可乐的经营情况如何呢？

可口可乐公司 1987 年的年报对前 11 年的经营情况做了一个很好的回顾，以下我们在扣除非经常性项目损益与所得税调整的影响后加以分析。营业收入每年增长 10.6%，10 年里增长了 2.75 倍，营业利润增长了 2.58 倍。

1981 年罗伯托·郭思达上任后公司产品盈利能力大幅度增长，1982～1997 年 5 年间营业利润每年增长 12%。

1976～1980 年可口可乐公司税前利润率连续下降了 5 年，1980 年可口可乐公司的税前利润率不足 12%，远远低于公司 1973 年 18%的水平。1981 年罗伯托·郭思达上任的第一年，税前利润率就上升到 13.7%。1988 年，巴菲特买进可口可乐公司股票时，公司的税前利润率已上升到创纪录的 19%。

可口可乐公司每年 9 亿美元的净利润无疑会吸引新的竞争对手进入软饮料产业，但可口可乐取得如此业绩依靠的是每天高达 10 亿罐的销售量。公司尽可能降低成本，以低价格保证巨大的销售量，每罐只有半美分的利润，这形成了阻挡其他竞争者的巨大壁垒。

罗伯托·郭思达的目标是到2000年可口可乐公司的销售额要翻一番。罗伯托·郭思达在《可口可乐面向2000年的企业制度：我们90年代的使命》一书中指出：可口可乐公司是唯一具有能给全世界任何地方带来新鲜活力和能量的企业。通过提高公司在东欧、俄罗斯、印尼、印度、非洲和中国的销量，销售额翻一番的目标完全可以实现。尽管这些国家的人均消费量可能永远赶不上美国（年人均消费296瓶8盎司装可口可乐），但只要销量在这些发展中的国家和地区略有增长，就可以获得可观的利润。目前，世界上有一半人人均可口可乐年消费量不到2瓶，仅在中国、印尼、印度的机会就足以使可口可乐公司积累进入21世纪的财富。

无法撼动的知名品牌

全世界每一秒钟约有10450人正在享用可口可乐公司所生产的饮料。

在巴西，西姆斯集团装瓶厂为将可口可乐运到偏远地区的销售点，需要用小船，沿亚马孙河流域航行30天才能到达。

日本拥有最多的自动售卖软饮料机，全国共有200万部，其中超过1/3带有可口可乐商标。日本最畅销的非碳酸饮料乔治亚咖啡，就是可口可乐公司的产品。

在哥斯达黎加的阿蜜，一个大市场和一个公共汽车站都是以“可口可乐”命名，该处是原来的可口可乐装瓶厂所在地。如果你坐计程车，告诉司机你要去“可口可乐”，那么司机很可能送你到市场，而非真正的可口可乐装瓶厂。

可口可乐湾在洪都拉斯的科尔特斯港。40多年前以可口可乐为这个海滩命名，因为这个海滩就在一家可口可乐装瓶厂前面。那间可口可乐装瓶厂现今已不复存在，但名字却留给了海滩。

巴西马卡帕装瓶厂位处赤道，因此我们可以在街的一边即南半球买一瓶可口可乐，然后立即到街的另一端即北半球再买一瓶可口可乐。

如果将至今所有出厂的可口可乐，以8盎司可口可乐曲线瓶，将其首尾相连地排列，沿着地球周围的卫星轨道环绕，所形成的距离将花费一个卫星11年10个月又14天内的时间绕行4334圈。

如果可以制造一个大得足以装下所有曾经生产过的可口可乐的超级大瓶子，则这个瓶子的瓶高将会有3.2公里，宽达2.4公里。若有与这个瓶子成同等比例的人，这人将会是一个身高超过27.2公里，体重达到3亿2千万吨的巨人。

如果将曾经出厂的可口可乐以8盎司弧形瓶送给全世界所有的人，则每人将可获得678个瓶子（或42加仑以上）。如果将所有曾经生产的可口可乐，以8盎司曲线瓶装首尾相连排列，它们将会从月球来回1057次。若以每天来回一趟计算，则须花费2年10个月又23天的时间。

如果将所有曾经生产的可口可乐以8盎司曲线瓶头尾相连排列，它们将会从水星通过金星、地球、火星，一直到木星。

如果将曾经生产的所有可口可乐倒进一个平均深度为1.8公尺的游泳池，则这个超级大游泳池的长为35.2公里，宽为12.8公里。这个游泳池将可同时容纳54800万人。

第二节 美国运通公司

投资14.7亿美元，盈利70.76亿美元

1991年巴菲特买入美国运通公司3亿美元的可转换优先股。1994年巴菲特将这部分可转换优先股转换成了1400万股普

通股，同年巴菲特又投资4.24亿美元买入1.38亿股普通股。

1995年巴菲特投资6.69亿美元买入2.17亿股普通股，总持股数达到4945.69万股。

1998年巴菲特又小幅增持108万股，总持股数达到5053.69万股。

2000年由于美国运通公司进行股票分割，巴菲特所持股份总数变为15161.07万股。

至2004年底，巴菲特所持股份总数为15161.07股，买入成本为14.70亿美元，总市值为85.46亿美元。巴菲特投资11年总盈利70.76亿美元，投资收益率高达4.81倍以上。

具有125年历史的金融企业

回溯1851年，美国运通在创立之初，其实是一家快递公司，它是由好几家小型快递公司共同组成的快递联盟，口号是“安全、迅速”，牛头犬是它的标志。

1860年，美国爆发南北战争，美国运通全力支持北方军，肩负起联邦军队所需物资的运输，后来还帮助军队在战地印发选票。

1880年，公司规模已经迅速发展壮大，在美国19个州先后设立了4000家分支机构。

1882年，大量现金的运送风险日益增加，于是美国运通开始了汇票承销。汇票业务快速成长，因此和欧洲各大银行往来密切。美国运通除了基金划拨外，更朝着多元化方向发展。尽管金融业务蒸蒸日上，货物运输依旧是其首要的经营重心。

1891年美国运通推出了旅行支票，开创了一个新的里程碑，也让公司经营发展做出了重大变化，自此从货物运输公司转型为金融服务公司。美国运通承诺，每一张标有面额的支票都可以在许多国家兑换成各种不同币种的现金，更重要的是，一旦旅行支票被窃或遗失，受害人能自动地获得退款。

旅行支票的问世，让观光客可以凭着一张纸就悠游在各国汇率之间。旅行支票的效力高低，其实凭借于开票银行品牌势力的大小，于是，美国运通萌生了进军旅游界的念头，它开始发售火车联票和越洋船票。

1914 年，第一次世界大战爆发，15 万名美国人投身欧洲战场。美国运通灵机一动，把参战士兵的钱寄到它在欧洲各地的据点，这大大增强了它在某些国家所拥有的品牌影响力——当地商人对美国运通旅行支票的接受度，远高于对本国货币的信任度。美国运通公司充分利用海外广泛的分支机构及其崇高声誉，在旅行支票业务基础上提供旅游代理服务和货币兑换等大量旅游相关业务。当时美国的海外旅游热潮为美国运通公司提供了大量利润。

即使在 20 世纪 30 年代的经济大萧条时期，美国运通的声望仍持续上升。当时各大银行纷纷暂停营业，美国运通资产遭到冻结，但它还是继续兑现所有的旅行支票，足见它的品牌信誉比现金更可靠。

当《时代周刊》宣告“无现金的社会”已经到来，一场信用卡取代现金的流通革命即将开始，而美国运通正是这场革命的导航灯。1958 年美国运通开发出了最大胆也是最成功的产品——运通卡。公司与许多商家签约，向持卡人收取一定的费用并按照刷卡额的一定百分比给商家一定的折扣。到了 1963 年，有 1000 万公众持有美国运通卡，该公司成千上万美元的票据在流通，像货币一样被人毫不迟疑地接受。1970 年美国运通收取了 23 亿美元的手续费，运通卡使美国步入无现金社会。美国运通多年来也在公众中建立了巨大的声誉。

目前美国运通公司业务主要分为四部分：

(1) 旅游及相关服务（TRS），包括发行运通信用卡和运通旅行支票和旅游代理服务，这是公司的核心业务，占公司净收益总额的70%以上，股本率高达28%以上。

（2）财务顾问服务（IDS），主要是向个人客户提供财务计划和投资咨询服务，涉及财务计划、保险和投资产品等，有3600名财务咨询专家，管理资产规模达1060亿美元，是全美最大的资产管理机构，业务收入占美国运通公司总收入的22%。

（3）运通银行，在全世界37个国家和地区设有87家办事处，但运通银行的业务收入只占美国运通公司总收入的5%。

（4）ISC为客户特别是信用卡公司提供处理数据服务。

1963年，美国运通在新泽西州巴约纳的一家仓库的一场非常普通的日常交易中，接收了由当时规模庞大的联合原油精炼公司提供的一批据称是色拉油的罐装货物，仓库给联合公司开出了收据作为这批所谓色拉油的凭证，联合公司用此收据作为抵押来取得贷款。

1963年11月，美国运通发现油罐中只装有少量的色拉油，大部分是海水。美国运通的仓库遭受了巨大的欺骗，其损失估计达1.5亿美元。

美国运通总裁霍华德·克拉克决定承担下这批债务，这意味着母公司将面对各种索赔，而且将包括没有法律依据的索赔，潜在的损失是巨大的。实际上，他说公司已经“资不抵债”。

巴菲特专门走访了奥马哈罗斯的牛排屋、银行和旅行社、超级市场和药店，发现人们仍然用美国运通的旅行者支票来做日常的生意。他根据调查得出的结论与当时公众的普遍观点大相径庭：美国运通并没有走下坡路，美国运通的商标仍是世界上畅行标志之一。

巴菲特认识到美国运通这个名字的特许权价值。特许权意味着独占市场的权力。在全国范围内，它拥有旅行者支票市场80%的份额，还在付费卡上占有主要的市场份额。巴菲特认为，没有任何东西动摇过美国运通的市场优势地位，也不可能有什么能动摇它。

股票市场对这个公司股票的估价却是基于这样一个观点，即它的顾客已经抛弃了它。华尔街的证券商一窝蜂地疯狂抛售。1963 年 11 月 22 日，公司的股票从消息传出以前的 60 美元/股跌到了 56.5 美元/股，到 1964 年年初，股价跌至每股 35 美元。

1964 年巴菲特将其合伙公司 40%的资产，约 1300 万美元买入美国运通公司 5%的股票。"

在接下来的两年时间里美国运通的股价上涨了 3 倍。在 5 年的时间内股价上涨了 5 倍，从 35 美元上涨到 189 美元。巴菲特告诉《奥马哈世界先驱报》(1991 年 8 月 2 日)说，他持有这些股票长达 4 年，因此他投资美国运通的收益率最起码在 4 倍以上。

巴菲特在伯克希尔 1994 年的年报中对他投资美国运通的历史，认为正是这种对公司的长期了解使他做出了大笔增持美国运通股票的明智投资决策。

"在寻找新的投资目标之前，我们会先考虑能否增加原有股票投资的头寸。如果一家企业非常具有吸引力而曾经让我们愿意买入，那么这家公司同样值得我们再次择机买入。我们非常愿意继续增持 See's 或者 Scott Fetzer 的股东权益比例，但我们至今无法增持到 100%的持股比例。但是在股票市场中，投资人经常有机会可以增持他了解且喜欢的公司股票。去年我们就是这样增持了可口可乐与美国运通的股票。"

"我们投资美国运通的历史可以追溯到很早以前了，事实上这也符合我总是根据过去的认识来做出现在的投资决策的模式。……我投资美国运通的历史包含两段插曲，在 20 世纪 60 年代中期，这家公司由于'色拉油丑闻'而声名狼藉，股价受到严重打压，我们乘机将巴菲特合伙企业 40%的资金投入到这只股票，这是合伙企业所做出的最大一笔投资。我要进一步补充说明一下，我们投资 1300 万美元买入的股票高达该公司 5%的股权比例。目前我们在美国运通的持股比例接近 10%，投资成本高达 13.6 亿美元（美国运通 1964 年的利润为 1250 万美元，1994 年则高达 14 亿美元）。”

“我对目前在美国运通总利润占 1/3 的 IDS 部门的投资可以追溯到更早以前。我在 1953 年第一次买入 IDS 股票，当时该部门迅速增长而市盈率只有 3 倍（在那些日子压弯了枝头的果子唾手可得）。后来我在《华尔街日报》刊登广告以 1 美元将其股票卖出，我甚至还写了一篇关于这家公司的长篇报告——我写过短的报告吗?”

“显然美国运通与 IDS（最近已更名为美国运通财务顾问）现在经营的业务已经远远不同于过去，但我还是认为，长期以来非常熟悉一家公司及其产品常常在评估这只股票时很有帮助。”

重振运通的哈维·格鲁伯

1992 年罗宾孙辞职后由哈维·格鲁伯接任总裁，在此之前他负责的 IDS 非常成功。哈维·格鲁伯清醒地认识到运通公司核心竞争力在于美国运通卡，他经常用“特许权”和“品牌价值”等字眼儿来形容运通卡的优势地位。哈维·格鲁伯决心逐步清理非核心业务，全力恢复并加强运通公司的核心业务旅游及相关服务（TRS）业务的市场占有率与盈利能力。

1992 年，哈维·格鲁伯将下属的数据处理部门（IDC）出售。尽管这一业务盈利能力不错，但与公司核心业务及核心客户关系不大。这次出售 IDC 为运通公司带来了 10 亿美元的收益。

1993 年，哈维·格鲁伯将运通公司下属的波士顿公司以 15 亿美元转让给梅隆银行。

不久，又将西尔森—雷曼公司一分为二，将原西尔森及其他证券经纪业务出售，然后又在 1994 年将从事投资银行的雷曼兄弟公司分拆上市。

哈维·格鲁伯一系列大刀阔斧的运作让公司重新回到专业化经营的正轨上。经过重组，清算了运通公司业绩不佳的非核心业务和不良资产，公司集中力量于最核心的业务，专门向富人阶层提供服务，其中旅游相关服务，包括银行卡、支票、旅游代理仍然是公司的核心产品。管理层的目标是把运通卡变为世界上最受尊敬的服务品牌。公司多次强调美国运通卡的品牌价值，甚至将下属的金融服务公司更名为运通金融服务公司。

哈维·格鲁伯清楚地知道，用户希望从美国运通得到的是信贷安全和特权享受。一旦你购买了美国运通卡，无论你身处世界的哪一个角落，你的权益都将得到保证。多年来，正是这种承诺使美国运通的信用卡和旅行支票业务经久不衰。无论是在国内还是国外，每个用户都能体会到美国运通公司周到、体贴的关怀。据统计，70%的用户在选择信用卡时认为服务质量同价格一样重要。美国运通的用户希望在他们掏出美国运通卡的一刹那就能立即引起饭店接待员的注意，意思是“站在你面前的不是一般人物”。哈维·格鲁伯已竭力使美国运通的白金卡用户在掏出他们的信用卡之后，立即能得到最热情的服务。

在哈维·格鲁伯的领导下，美国运通公司主业旅游相关业务得到显著改善，重组成本与坏账率大幅降低，盈利能力大幅回升。1994 年生产成本降低了 16 亿美元，年营业额高达 156 亿美元，利润增长了 18%，公司的股票也由每股 25 美元涨至 44 美元。

高端客户创造高利润

公司旅游相关服务持续增长，主要体现在运通卡发行量持续增加。1990 年运通卡发行数量已经高达 365 万张，银行卡直接消费金额达到 1110 亿美元，旅行支票销售 250 亿美元，旅游业务收入达50亿美元。

1993年运通卡消费总额达到1240亿美元，其中企业客户达34亿美元。

1997年发卡量更是比1990年增长了17%，消费额增长了87%。

目前全球500强的企业中70%以上使用运通卡。由于运通卡持有者多为富人和企业，持有人平均每年消费支出几乎是维萨卡和万事达卡平均年消费水平的4倍，而且平均每张运通卡的年消费支出保持持续增长，1998年为6885美元，1999年增长为7758美元，增长了12.67%。

更高的消费对于商家来说意味着更多的利润，这也让运通卡越来越多受到商家青睐。运通卡的覆盖面较广，可以在美国80%的零售商店、86%的加油站和近100%的世界性大旅游和娱乐场所使用。持卡人的高消费与更多的商家使用运通卡，使其平均每张信用卡的盈利水平远远高于维萨卡和万事达卡。

由于金融创新，更多美国人将现金、存款、养老金转为货币市场基金、共同基金。公司财务顾问业务相应大幅增长近一倍，1990年资产管理规模达到1060亿美元，收入平均每年递增20%以上。1997年与1990年相比，资产管理规模增长了4倍，利润以每年20%的速度增长。

高度专业化经营创造高盈利

哈维·格鲁伯对美国运通公司进行了一系列大刀阔斧的重组后，又定下运通公司的财务目标：每股收益每年要提高12%～15%，权益资本收益率要达到18%～20%。

1993年公司净利润为14.78亿美元。1994年5月，美国运通分拆雷曼公司后，运通股东权益缩减到63亿美元。扣除美国运通在FDC持股上的税后利润为4.35亿美元，以及对分拆雷曼公司的影响调整后，1994 年净利润为 12 亿美元，每股净利润为 2.51 美元，股本收益率为 19%。

1997 年美国运通净利润增长到了 20 亿美元，每股净收益增长到了 4.2 美元，股本收益率提高到了 22%。

第三节 《华盛顿邮报》公司

投资 0.11 亿美元，盈利 16.87 亿美元

1971 年，凯瑟琳·格雷厄姆决定让《华盛顿邮报》公司股票上市。

《华盛顿邮报》公司的股票分为 A、B 两种类型。A 种股票股东有权选举公司董事会的主要成员，B 种股票股东只能选举董事会的次要成员。凯瑟琳·格雷厄姆持有 50% 的 A 种股票，可以有效地控制公司。1971 年 6 月，《华盛顿邮报》公司发行了 1354000 股 B 种股票。

令人吃惊的是，公司上市仅仅两天后，凯瑟琳·格雷厄姆无视白宫的威胁，授权本·布莱德利出版五角大楼文件。

1972 年，《华盛顿邮报》公司股票价格强劲攀升，从 1 月份的每股 24.75 美元上升到 12 月份的 38 美元。

1973 年，尽管报业在不断发展，道琼斯工业指数持续下跌 100 多点，创造了 3 年来的历史新低。6 月份，美国联邦储备委员会再次提高贴现率，道琼斯工业指数跌破 900 点。《华盛顿邮报》公司股票价格也随之下跌，到 5 月份下跌到每股 23 美元。

1973 年《华盛顿邮报》公司股权收益率达到 19%，其收入增长趋势也很好。但 1973 年其股价下跌了近 50%，因为美国的股市崩溃了，股指大跌 20%。巴菲特抓住这一良机，投资

1062.8万美元买入461750股B种股票，平均买入价格为每股22.69美元。

巴菲特指出："在1973年，《华盛顿邮报》公司的总市值为8000万美元，在那时候某一天你可以将其资产卖给十位买家中的任何一位，价格不会低于4亿美元，甚至还能更高。该公司拥有《华盛顿邮报》《新闻周刊》以及数家在主要市场区域的电视。当时与其相同的资产的价值为20亿美元，因此愿意支付4亿美元的买家并非发疯。"可见巴菲特认为自己是以低于《华盛顿邮报》股票内在价值1/4的价格买入股票的。

巴菲特在伯克希尔1985年的年报中回顾投资《华盛顿邮报》公司时指出："1973年中期，我们以不到企业每股商业价值1/4的价格，买入了我们现在所持有的《华盛顿邮报》全部股份。其实计算股价价值比并不需要非同寻常的洞察力，大多数证券分析师、媒体经纪人、媒体行政人员可能都和我们一样估计到《华盛顿邮报》的内在商业价值为4～5亿美元，而且每个人每天都能在报纸上看到它的股票市值只有1亿美元。我们的优势更大程度上在于我们的态度：我们已经从本·格雷厄姆那里学到，投资成功的关键是在一家好公司的市场价格相对于其内在商业价值大打折扣时买入其股票。"

"1973～1974年间《华盛顿邮报》的业务经营继续非常良好，内在价值持续增长。尽管如此，1974年年底我们持股的市值却下跌了约25%，我们原始投资成本为1060万美元，这时仅为800万美元，本来在一年前我们觉得已经便宜得可笑的股票现在变得更便宜了，拥有无穷智慧的'市场先生'又将《华盛顿邮报》的股价相对于其内在价值进一步降低了20%。"

即使按该公司股票内在价值最保守的估算，也会显示出巴菲特是以少于其内在价值一半的价钱买进《华盛顿邮报》公司股票的，而巴菲特自己认为是以低于其内在价值1/4的价钱购买的。不管怎么说，他是按《华盛顿邮报》公司股票内在价值显著的折扣价格买进的。巴菲特充分满足了本·格雷厄姆关于购买企业的准则，即低价购买创造了一个很大的安全边际。

1973年巴菲特持有《华盛顿邮报》股票461.75万股，1979年拆细为186.86万股，1985年略有减少为172.78万股，然后到2003年年底巴菲特仍然保持持股毫无变化。这是巴菲特持有时间最长的一只股票，长达31年。1977年底，《华盛顿邮报》公司股票在伯克希尔公司的普通股投资组合中占18.4%，这是一个非常高的比重。在1973年时巴菲特还没有买入GEICO保险股票，当时在投资组合中占的比重可能超过30%以上。

巴菲特在伯克希尔1985年的年报中感叹道："在伯克希尔公司我通过投资《华盛顿邮报》，将1000万美元变成5亿美元。"1973年巴菲特用1062万美元买入《华盛顿邮报》公司的股票，到2004年底市值增加到16.98亿美元，30年的投资利润为16.87亿美元，投资收益率高达160倍。《华盛顿邮报》公司股票是巴菲特寻找到的第一只超级明星股，也是回报率最高的一只超级明星股。

美国两大报业之一

《华盛顿邮报》是美国最主要的城市之一——华盛顿最大、最悠久、最具有影响力的报纸。20世纪70年代初通过揭露水门事件，迫使理查德·尼克松总统退职，《华盛顿邮报》获得了国际威望。许多人认为它是继《纽约时报》后美国最有声望的报纸。由于它位于美国首都，尤其擅长于报道美国国内政治动态，而《纽约时报》则在报道国际事务上更加有威望。也有人认为《华盛顿邮报》过分关心政治而忽略了对其他方面的报道。

《华盛顿邮报》拥有世界著名的优秀政治新闻记者，1971年6月在公司发行B种股票仅仅两天后，《华盛顿邮报》在巨大的政治压力下刊登了五角大楼文件并跟踪报道水门事件，直接导致了尼克松总统的辞职。此举充分表现了作为媒体的独立性，使该报获得了崇高的声誉，确立了该报在业内的领袖地位。在很多年之后的1998年初，《华盛顿邮报》第一个报道美国总统克林顿与白宫实习生莱温斯基的性丑闻事件。2004年《华盛顿邮报》获得18项普利策奖。

几十年来，《华盛顿邮报》一直在同《星报》的竞争中努力前进。《华盛顿邮报》公司通过收购《国际先驱论坛报》，已经成为一个非常强大的竞争对手，并且很快超过了《星报》。1981年《星报》被迫停刊，这使得《华盛顿邮报》实际上成为这个世界上最重要的城市之一——美国首都华盛顿的唯一一家处于垄断地位的报纸。按2003年9月30日的数据显示，《华盛顿邮报》的日平均发行量为78万份，继《洛杉矶时报》《纽约时报》《华尔街日报》和《今日美国》后列第五名。《华盛顿邮报》星期日的发行量大约为110万份。《华盛顿邮报》的零售价格从1981年最初的25美分已经增加到2001年的35美分。

在最近几年里，《华盛顿邮报》已经在利润和股票市场价值方面超过了自己最大的竞争对手《纽约时报》。《华盛顿邮报》公司利润的一半来自于《华盛顿邮报》的发行，除此以外，《新闻周刊》在1995年的经营利润就已经达到了这个数字，到1997年，经营利润达到了3800万美元。

目前公司下属的《新闻周刊》也是与《时代周刊》并驾齐驱的全球最有影响力的杂志之一。《新闻周刊》是一份在纽约出版，在美国和加拿大发行的新闻类周刊。在美国，它仅次于《时代周刊》，当然有时它的广告收入超过了《时代周刊》。在发行量上，它超过了《美国新闻和世界报道》。在这三份期刊中，《新闻周刊》通常被视作观点比《时代周刊》更自由，而比《美国新闻和世界报道》更保守。最初《新闻周刊》的英语名字是News Week，由托马斯 J. C. 马丁于1933年2月17日创立，在这份创刊号的封面上印有有关那周新闻的7张照片。1937年，马尔柯姆·米尔成为该刊主编及总裁，他将刊物的英文名字改成了现在的样子，并加强了该刊文章的可读性，引入了新的署名专栏和国际版面。随着时间的流逝，《新闻周刊》已经发展为一个内容广泛的全方位新闻类杂志，涵盖范围包括了从突发新闻到深度分析的各种内容。1961 年，《华盛顿邮报》公司将其收归旗下。

根据 2003 年的统计数据，《新闻周刊》在全球有超过 400 万的发行量，其中在全美为 310 万。同时，它还出版日、韩、波兰、俄、西、阿拉伯等多种语言版本，以及一份英语的国际刊物。

巴菲特 1973 年开始购买股票之前，《华盛顿邮报》公司就已经有 30 多年的经营历史。公司从一家几十万美元的小报纸起步，发展成为如今 50 多亿美元市值的美国传媒企业中的领导者。1931 年，《华盛顿邮报》是美国五家主要日报之一。第一期《华盛顿邮报》有 4 版，每一版面包括 7 个栏目，采用优质印刷纸印刷。

1933 年，《华盛顿邮报》公司因无力支付新闻纸的费用而被拍卖。金融家百万富翁尤金·梅耶在拍卖会上以 82.5 万美元的价格购买了这家报社。

当时《华盛顿邮报》的日发行量只有 5 万份，一年亏损 100 万美元，是当年华盛顿 5 份报纸中质量最差、亏本最多、读者最少的一份报纸，谁也没有想到它以后会变成美国的媒体帝国。

在以后的 20 年中，尤金·梅耶把自己的全部时间、精力和资金都投入到《华盛顿邮报》，他的追求、执着以及他为此而不断投入的资金，拯救了《华盛顿邮报》。经历了九年半的亏损之后，《华盛顿邮报》终于扭亏为盈，1942～1945 年累计盈利额达到了 24.75 万美元。1946 年，杜鲁门总统邀请尤金·梅耶担任世界银行的第一任总裁。

1948 年，尤金·梅耶正式宣布，把具有投票权的 5000 股公司股份分别转交给女婿菲利普·格雷厄姆 3500 股和女儿凯瑟琳·格雷厄姆 1500 股。菲利普·格雷厄姆毕业于哈佛大学法学院，加入《华盛顿邮报》公司前担任过《法律评论》的主管。

菲利普·格雷厄姆很快就成为《华盛顿邮报》公司一个精明强干的领导人。他开始从财务和新闻两个方面着手打造公司。

1954 年，菲利普·格雷厄姆收购了《时代先驱报》，从而成为华盛顿唯一的一家晨报。通过这次收购，《华盛顿邮报》的发行量增加了两倍，广告收入也出现了大幅度提升，使 39 岁的菲利普·格雷厄姆成为美国新闻历史上一位重要的人物。他 1961 年收购了《新闻周刊》，随后购买了两家电视台，后来又收购了伯沃特·莫塞纸业公司——它为公司提供了绝大部分的新闻纸。《华盛顿邮报》公司在格雷厄姆掌门期间，从一家报社转变为一家名声大振的传媒通信公司。

菲利普·格雷厄姆在 1957 年患上了严重的间歇性抑郁症，1963 年 8 月自杀，年仅 48 岁。

这样，管理《华盛顿邮报》公司的责任突然之间就完全落到了凯瑟林·格雷厄姆的肩上，她曾经在报社担任过编辑，但是她对新闻报道和商业经营的经验在当时却非常有限。格雷厄姆夫人出于对《华盛顿邮报》公司的真挚热爱，勇敢地担起了重任。她说："我可以出售这家报社，我可以找个人替我管理报社，或者我自己去经营，但是实际上我已经别无选择，我只能自己去经营。对于我来说，要放弃我的父亲和丈夫用心血和爱一手建造起来的一切，或者把它交给别人是不可思议的。"

她把《华盛顿邮报》做成全国最出色的报纸，一份以调查性报告、文体风格独特和经营成功而著称的报纸。

巴菲特对报纸出版业务非常了解，这完全在他的能力圈之内。

巴菲特的祖父曾经拥有一家小型报社并自任编辑，他父亲曾经担任过《内布拉斯加日报》的编辑。

巴菲特本人13岁时就是《华盛顿邮报》一名非常勤奋的报童，他一度每天要走5条线路递送500份报纸，主要是投送给公寓大楼内的住户。

通常巴菲特下午5：20出发，坐上开往马塞诸塞大街的公共汽车。聪明的他把春谷区的两条投递《华盛顿邮报》的路线和两条投递《时代先驱者报》的路线结合起来，这个年轻的报童后来又增加了西切斯特公寓大楼的投递工作。

为了能够更好地利用送报机会从顾客那里赚取更多的收入，他想出了一个十分有效的杂志征订的方法。他从被丢弃的杂志中撕下带有征订优惠有效期的广告页，把它们归类，然后在适当的时间请顾客从中选择要续订的刊物。在近4年多的时间里，他同时开发了5条送报路线，总共赚了5000多美元，这是巴菲特投资致富的最初资金来源。

巴菲特对传媒产业非常有兴趣，他和很多高级记者成为亲密的朋友，他曾经说过，如果他没有选择商业的话，很有可能会成为一名记者。

他具有一名记者在编辑和制作方面所具有的一切天分，他对那些价值被低估行业进行的研究，他所具有的敏锐的商业意识，以及一个记者所具有的独特眼光结合为一身。

1969年，巴菲特购买了《奥马哈太阳报》，同时还有一系列周报。在他第一次买《华盛顿邮报》公司股份之前，已经具有了4年报纸运作的亲身经验。经营管理《奥马哈太阳报》使巴菲特认识到了报纸的经济特许权，这是巴菲特投资一系列传媒产业公司股票大获成功的根本。

传统媒体的特许经营权

《华盛顿邮报》公司拥有报纸、杂志、电视台等大量传媒企业，股票的市场价值总额已经远远超过了50亿美元。

公司一半的营业收入来源于报纸《华盛顿邮报》。

1998年初《华盛顿邮报》第一个报道美国总统克林顿与白宫实习生莱温斯基的性丑闻事件。《华盛顿邮报》获得了18项普利策奖。许多人认为它是继《纽约时报》后美国最有声望的报纸。

公司1/4的收入来源于杂志，主要杂志《新闻周刊》的国内发行量超过300万份，国际发行数量超过70万份。

《华盛顿邮报》公司还拥有考斯传媒公司28%的股份，考斯传媒公司主要发行《明尼阿波利斯星星论坛》，其他一部分股份已经在1997年出售给麦克兰奇公司。

同时，《华盛顿邮报》与《纽约时报》分别拥有《国际先驱论坛报》一半的股份，这份报纸在巴黎发行，并在世界各地的8个城市同时印刷，主要是转载《华盛顿邮报》和《纽约时报》的报道，报纸在全世界180个国家发行。《国际先驱论坛报》的发行量大约为24万份。

此外，《华盛顿邮报》公司还控制着洛杉矶—《华盛顿邮报》新闻社一半的股份，这个新闻社为世界各地50个国家的768家客户提供新闻、专访和评论。

1992年3月，《华盛顿邮报》公司收购了加瑟斯伯格·加塞特公司80%的股份，这家公司是加塞特报社的母公司，目前在马里兰州发行了39份周刊，这些周刊的综合发行量大约为60万份。

《华盛顿邮报》公司还在当地的军事基地发行了一系列周报，其中包括在保龄空军基地的《光束》、美国空军学院的《三叉戟》以及沃尔特·里德军事医疗中心的《星条旗》。

在2001年年初，《华盛顿邮报》公司的加塞特公司，还收购了马里兰州艾尔克顿切萨皮克出版公司的《南方马里兰报》。

公司其他1/4收入主要来源于电视部门。

《华盛顿邮报》公司目前拥有大约6000名雇员，还拥有6家电视台：底特律的WDIV/TV4电视台、迈阿密/福特劳德代尔堡的WPLG/TVl0电视台（与麦雷迪斯公司交换得到）、奥兰多的 WCPX 电视台——1998 年为了纪念凯瑟林·梅耶·格雷厄姆而更名为 WKMG 电视台（与麦雷迪斯公司交换了哥伦比亚广播公司之后）和杰克逊维尔的 WJXT/TV4 电视台。《华盛顿邮报》公司还在 1994 年以 2.53 亿美元的价格收购了休斯敦的 KPRC－TV 电视台和圣·安东尼奥 KSAT－TV 电视台。

此外，公司还拥有一个有线电视网，这个有线电视网是 1986 年以 3.5 亿美元的价格从资本城公司购入的，当时该有线电视网已经拥有大约 36 万名用户。巴菲特是所有这些交易的中心人物。《华盛顿邮报》公司有线电视一台在亚利桑那州的菲尼克斯通过收购，用户已经达到了大约 75 万名（同时还拥有 23.9 万名数字有线电视用户）。目前有线电视业务的利润水平远远超过当初收购的水平。

《华盛顿邮报》公司拥有斯坦利·卡普兰公司（现在被称为卡普兰教育中心），负责为学生提供各种注册资格考试和入学考试，包括目前非常盛行的学习能力考试。

巴菲特对传媒行业非常钟爱，先后投资过联合出版公司、《华盛顿邮报》公司、大都会/ABC 等多家传媒产业公司。巴菲特对传媒行业进行了深入分析，将其产业的基本特征总结为由于经济特许权形成的产业平均高盈利水平。

巴菲特在伯克希尔 1984 年的年报中分析传媒产业的高盈利特性时感叹道："即使是三流报纸的获利水平也一点儿不逊色于一流报纸。"

在商业社会中，一家占有主导地位的报纸的经济状况是最具有优势的。企业主们通常相信只有努力地推出最好的产品才能取得最好的盈利，但是这种令人信服的理论却让无法令人信服的事实打破，当一流的报纸取得高获利时，三流报纸的获利水平却一点儿不逊色，有时甚至更多一些，只要这两类报纸在当地都占有主导地位。当然产品的品质对于一家报纸取得主导地位非常关键。……一旦主宰当地市场，报纸本身而非市场将会决定这份报纸是好还是坏，不管报纸好坏，都会大赚特赚。但是在大多数行业内却并非如此，质量水平较差的产品，其经营状况也肯定会比较差。但即使是一份水平很差的报纸对一般民众来说仍然具有公告栏的价值。当其他条件相同时，一份烂报纸当然无法像一份一流报纸那样拥有广大的读者，但是一份水平很差的报纸对一般市民却仍然具有很重要的作用而吸引他们的注意力，从而也会吸引广告商们的注意力。

巴菲特认为传媒产业的高盈利来自于其取得市场垄断地位的经济特许权。

事实上，报纸、电视与杂志等传媒企业的特点，越来越类似于普通企业，越来越远离于经济特许权企业。我们简单分析一下经济特许权企业与一般企业的本质不同，不过请记住，很多企业事实上是介于这两者之间，所以也可以将之形容为弱竞争力的经济特许权企业或是强竞争力的一般企业。借由特定的产品或服务，一家公司拥有经济特许权：（1）产品或服务确有需要或需求；（2）被顾客认定为找不到其他类似的替代品；（3）不受价格上的管制。

一家具有以上三个特点的公司，就具有对所提供的产品与服务进行主动提价的能力，从而赚取更高的资本报酬率，更重要的经济特许权比较能够容忍不当的管理，无能的经理人虽然会降低经济特许权的获利能力，但是并不会造成致命的伤害。……与经济特许权企业不同，一般企业会因为管理不善而倒闭。

巴菲特指出："传媒企业过去之所以能一直保持如此优异的表现，并不是因为销售数量上的成长，而主要是绝大多数传媒企业拥有非同一般的定价权力。"

报纸是一种奇妙的行业，它是那种趋向一种自然的有限垄断的少数行业之一。很明显，它与其他广告媒体互相竞争，但与报纸相近的其他文字印刷品是无法与报纸竞争的。你能举出其他像报纸那样的行业吗？没有了。

巴菲特提议的最成功的股票回购

巴菲特在伯克希尔 1985 年的年报中对《华盛顿邮报》的总裁凯瑟琳·格雷厄姆资本配置能力予以高度赞赏，他认为对《华盛顿邮报》股票投资巨大收益中的大部分来自于这位女总裁的高超管理能力。

“你们当然知道我们这次对《华盛顿邮报》公司股票投资的美满结局。《华盛顿邮报》的总裁凯瑟琳·格雷厄姆用非凡的智慧和勇气，充分利用股价低迷的时机大量回购公司的股份，而且运用高超的管理能力推动公司内在商业价值大幅增长。与此同时，投资人开始认识到公司业务非凡出众的竞争优势，从而推动公司股价上升，逐步接近于其内在价值。因此我们得到了三大好处：一是公司内在商业价值快速增长；二是每股商业价值由于公司回购股份又进一步快速增长；三是随着股票被低估的幅度逐渐缩小，股价上涨的幅度超越了每股商业价值的增长幅度。

“我们 1973 年投资 1060 万美元买入的《华盛顿邮报》股份，除了 1985 年根据持股比例在公司回购时卖回给公司的股份外，全部一直持有至今。这些股份年末的市值加上因回购而出售股份所得的收益共计 22.1 亿美元。”

“假若在 1973 年我们将 1060 万美元随意投资到 6 家当时最热门的传媒企业之一，则到今年年底我们持股的市值在 4000～6000 万美元之间，这将大大超过市场平均收益水平，其根本原因在于传媒企业的非凡出众的经济特征。我们买入《华盛顿邮报》股票所获得的额外 1.6 亿美元投资收益，在很大程度上来自于凯瑟琳·格雷厄姆所做出的远胜于其他传媒企业管理者的高超经营决策。尽管她惊人的商业成就大部分并不为人所知，但伯克希尔的所有股东却不能不倍加赞赏。”

《华盛顿邮报》公司由于作为传媒行业拥有突出的经济特许权，公司只需少量的有形资产，就能产生巨大的现金流入，而资本支出相对小得多，因此公司每年都会形成大量的自由现金流，远远超过了公司业务经营的资金需求。

如何使用这部分自由现金流，为股东创造更多的价值，是对管理层资本配置能力的考验。

凯瑟琳·格雷厄姆在她的自传《我的历史》一书中说，她和巴菲特的第二次见面是在巴菲特收购《华盛顿邮报》的股份之后。巴菲特再一次向格雷厄姆表示，绝对不会干涉《华盛顿邮报》的内部事务，凯瑟林·格雷厄姆邀请巴菲特到华盛顿共进晚餐，并参观一下《华盛顿邮报》公司。1974 年，巴菲特被任命为《华盛顿邮报》公司的董事，并主持财务委员会的工作。于是，巴菲特成为了她的商业顾问。从此以后，他们之间建立了一种深厚的友谊和相互依赖的利益关系。凯瑟琳·格雷厄姆在《我的历史》中回忆道："我在这些年所采取的措施，巴菲特在财务金融方面提出的建议，以及我们之间的经常性沟通发挥着关键性的作用。"

凯瑟琳·格雷厄姆任总裁期间在以下三个方面体现了高超的资本配置能力：

一是低价回购股票。《华盛顿邮报》公司是在报业同行中第一个大量回购股票的公司，1975～1991 年期间，公司以平均每股 60 美元的价格回购了 43％的流通股。1974 年，巴菲特担任《华盛顿邮报》公司的董事后不久提议回购《华盛顿邮报》公司的股票。

凯瑟琳·格雷厄姆在《我的历史》中回忆道："我认为最重要的仍然是，他劝说我回购公司股票，这让我们受益匪浅。以前我对此一直将信将疑。虽然回购在今天已经成为司空见惯的事情，但是在 20 世纪 70 年代中期，还没有几家公司会采取这样的措施。当时我认为，如果以公司全部的资金购买自己发行在外的股票，那么公司的成长能力将会大受影响。巴菲特为我提供了各个方面的数据，通过这些数字向我说明了这一措施不仅可以从长期为公司带来收益，甚至使公司在短期内也可以从中受益。他反复强调，目前的股票价格如何低于真实价值，回购措施与目前所采取的各种方案相比，如何具有其特殊的优势。他让我逐渐明白了这一点：如果我们回购《华盛顿邮报》公司1%股票的话，我们就可以以更低的价格拥有更多的股份，于是我认为我们的确有必要这样做。”

二是只进行合理的收购。在伯克希尔公司投资后的25年内，传媒产业发生过很多并购，而《华盛顿邮报》公司是传媒产业中最经常对并购说“不”的，它的目标企业是有竞争壁垒，不需要过多的资本性支出，而且有合理调价的能力。

令人吃惊的是，在巴菲特的董事会任期中，《华盛顿邮报》公司几乎没有任何大的并购行动。整整11年中，《华盛顿邮报》公司以合理的价格在华盛顿买下一家报纸的同时又在特伦顿买了一家，使公司报业得到很好的扩张。1986年，从大都会公司手中购买了电缆公司的所有权，这又使大都会公司有能力收购美国广播公司（ABC）。《华盛顿邮报》公司还是手机产业最早的投资者，但后来又出售了。和从前一样，98%的利润依旧来自于《华盛顿邮报》《新闻周刊》以及4家电视台，唯一显著的变化是它的盈利能力翻了一番。

巴菲特在伯克希尔1987年的公司年度会议上这样说：“在《华盛顿邮报》公司出售无线电话业务的过程中，我的唯一作用是当初曾经建议公司以现在出售价1/5的价格收购这项业务，这也是他们最后一次征求我的意见。他们对我第一次提出的建议显然并不感兴趣，此后，他们再也没有征求过我的意见。”

三是提高现金红利。1990年，《华盛顿邮报》公司面对大量现金储备，公司决定把红利从每股1.84美元提高到4.00美元，增长了117%。